gewinnen
Wie gewinne ich Menschen für Jesus?

VORWORT

Hättest du Interesse daran, wenn wir dir zeigen könnten, wie du deinen Glauben erfolgreich und überzeugend weitergeben kannst, ohne andere abzustossen und ohne ein Mensch zu werden, der du gar nicht sein willst?

In unserem jungen Leben als Christen hörten wir immer, dass wir überall und jederzeit unseren Freunden von Gott erzählen sollen. Dies leuchtete uns ein, denn wir erlebten positive Veränderungen durch Jesus. Das Problem war nur, dass uns niemand zeigte, wie wir das erfolgreich tun könnten. Deshalb machten wir uns eigenständig auf die Socken. Zwar führten wir viele unserer Freunde zu Jesus, machten dabei aber eine Menge Fehler, die schmerzhaft waren.

Mit diesem Buch möchten wir dir helfen, erfolgreich Menschen für Jesus zu gewinnen. Eines solltest du wissen: Menschen sind heute fragender und offener für den Glauben an Jesus Christus als jemals zuvor. Mehr Männer und Frauen als man sich vorstellen kann, würden «Ja» zu Jesus sagen, wenn ihnen nur jemand zeigen würde, wie sie das tun können. Und wir glauben, dass es auch in deinem Umfeld Menschen gibt, die offen für Jesus sind. Vielleicht ein Familienmitglied oder ein Nachbar, ein Arbeitskollege, ein Freund oder jemand, den du erst noch kennen lernen wirst.

VORWORT

Es gibt zwei Hindernisse, die viele von uns davon abhalten, anderen ganz selbstverständlich von Jesus zu erzählen: Ein grosses Hindernis ist Angst, das zweite ist das Fehlen der richtigen Methode.

Aus Angst schrecken wir häufig davor zurück, über unseren Glauben zu reden. Uns in das Leben eines anderen Menschen einzumischen, finden wir nicht nur gefährlich, sondern schlichtweg anmassend. Wir haben Angst, den anderen zu beleidigen: Angst, abgelehnt zu werden, Angst, Jesus nicht angemessen zu vertreten und womöglich sogar als «fanatisch» abgestempelt zu werden. Also schweigen wir und beten, Gott möge jemand anderen schicken, um den Menschen in unserem Umfeld sein Evangelium zu bringen.

Doch auf der anderen Seite haben die meisten Christen den ehrlichen Wunsch, das Evangelium verständlich weiterzugeben, aber die richtige Methode fehlt. Falls du zu diesen Menschen gehörst, dann wird dieses Buch dir ganz speziell helfen, deinen Glauben überzeugend weiterzusagen.

Wenn in den einzelnen Kapiteln – aus Gründen der Einfachheit – hauptsächlich der Begriff «Freunde» verwendet wird, sind natürlich alle Menschen aus deinem Umfeld mit eingeschlossen. Wir wünschen dir viel Erfolg und Begeisterung beim Gewinnen von Menschen für Jesus!

Leo Bigger

ZEICHENERKLÄRUNG

 *ZUSAMMENFASSUNG*

 *DIDAKTIKPUNKTE*

 *ACTIONSTEP*

IMPRESSUM

2. Auflage	2004
Auftraggeber	icf - media store GmbH
Themen und Idee	Leo Bigger und Matthias Bölsterli
Ghostwriting	Debora Wolf und Detlef Kühlein
Lektorat	Uschi Marty und Andrea Vara
Gestaltung, Satz und Illus	Thomas Hurter
Copyrights © 2003	Verlag icf - media store GmbH
	Hardstrasse 219, 8005 Zürich
	media@icf.ch
	www.icf-media.ch
Druck + Produktion	Schönbach Druck GmbH
	D-64387 Erzhausen
	Printed in Germany

Bibelzitate sind – falls nicht anders angegeben – gemäss der Übersetzung «Hoffnung für alle»; Brunnen Verlag; 1. Auflage; Basel und Giessen 2000.

ISBN 3-03750-010-7	Alle Rechte vorbehalten

INHALTSVERZEICHNIS

	Kapitel	Seite
Vorwort		3
Zeichenerklärung		5
Impressum		6
Inhaltsverzeichnis		7
Setze deine Freunde auf eine Liste des Lebens	1	9
Bete für deine Freunde bis zum Erfolg	2	23
Erkenne die Kraft des Fastens für deine Freunde	3	33
Kümmere dich um die Not deiner Freunde	4	43
Erzähle deinen Freunden von Jesus	5	53
Erkläre deinen Freunden den Weg zu Jesus	6	65
Trainiere deine Freunde in ihrem neuen Glauben	7	75
Anhang		89

KAPITEL 1

Setze deine Freunde auf
eine Liste des Lebens!

KAPITEL 1

Die Leistung des erfolgreichen Geschäftsmannes Oskar Schindler im zweiten Weltkrieg ist eindrükklich! Durch viel Mut und mit einem hellen Köpfchen hat er Hunderten Juden das Leben gerettet. Das ist ihm gelungen, indem er ihre Namen auf eine Liste setzte und angab, dass er sie in seiner Fabrik beschäftigen will. Den Nazis hat er für jeden Juden Geld bezahlt. So rettete er Frauen, Männer und Kinder vor dem Tod im Konzentrationslager. Schindler investierte seinen ganzen Besitz und setzte sogar sein eigenes Leben aufs Spiel! Seine Liste wurde zu einer Liste des Lebens! Schindlers Tat ist bewundernswert! Und wie bewundernswert ist, was Jesus getan hat! Er hat sein Leben aus Liebe geopfert, so dass du durch deinen Glauben an ihn im Buch des ewigen Lebens eingetragen bist! Es war und ist Gottes Wille, dass jeder Mensch gerettet wird. Das hat Jesus dazu bewegt, am Kreuz einen schrecklichen Tod zu sterben.

> «Denn Gott will, dass alle Menschen gerettet werden und seine Wahrheit erkennen.» (1. Timotheus 2,4)

Jetzt will Gott durch dich Menschen gewinnen! Dieses Kapitel zeigt dir, wie du selber eine Liste des Lebens erstellen kannst!

Setze deine Freunde auf eine Liste des Lebens

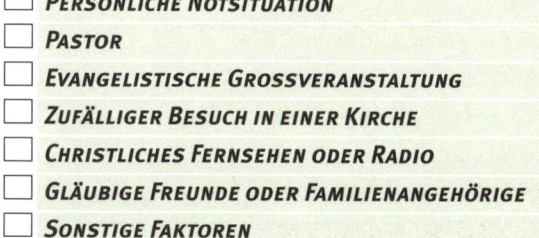

1. Definiere das Umfeld, in welches Gott dich gesetzt hat!

Du kannst nicht die ganze Welt für Gott gewinnen. Denke deshalb in überschaubaren Dimensionen! Gott hat dich bewusst in dein Umfeld hineingesetzt und dort hast du Einfluss und Autorität! Überlege dir – um dies deutlicher für dich zu machen, welches die wichtigsten Faktoren waren, die dazu geführt haben, dass du dich für Jesus entschieden hast. Kreuze die zutreffenden Punkte an:

- [ ] **Persönliche Notsituation**
- [ ] **Pastor**
- [ ] **Evangelistische Grossveranstaltung**
- [ ] **Zufälliger Besuch in einer Kirche**
- [ ] **Christliches Fernsehen oder Radio**
- [ ] **Gläubige Freunde oder Familienangehörige**
- [ ] **Sonstige Faktoren**

Es wäre nicht erstaunlich, wenn du dein Kreuz beim Faktor «Gläubige Freunde oder Familienangehörige» gesetzt hast. Denn über 85 Prozent aller Menschen, die mit Jesus leben, haben durch Freundschaft mit Christen zu ihrem Glauben gefunden.

A. Die zentrale Bedeutung des Begriffes «Oikos» in der Bibel!

Die Bibel betont die zentrale Bedeutung des Umfeldes – des «Oikos». «Oikos» ist das griechische Wort für «Haus» und meint das gesamte soziale Umfeld eines Menschen.

Nachdem Jesus einen von Dämonen besessenen Mann befreit und geheilt hatte, wollte dieser mit ihm gehen:

Aber Jesus erlaubte es ihm nicht. Er sagte: «Geh nach Hause zu deiner Familie (zu deinem «Oikos») und berichte, welch grosses Wunder Gott an dir getan hat und wie barmherzig er zu dir gewesen ist.» (Markus 5,19)

Auch an anderer Stelle – nach der Bekehrung von Zachäus – betonte Jesus die besondere Bedeutung des «Oikos»:

Da sagte Jesus zu ihm: «Heute ist ein grosser Tag für dich und deine Familie (deinen «Oikos»); denn Gott hat euch heute als seine Kinder angenommen. Du warst einer von Abrahams verlorenen Söhnen.» (Lukas 19,9)

Nachdem Jesus den Sohn eines hohen Beamten geheilt hatte, entschied sich dieser und seine ganze Familie für ein Leben mit Gott:

Da erinnerte sich der Vater, dass Jesus genau zu dieser Stunde gesagt hatte: «Dein Sohn ist gesund!» Seitdem glaubte dieser Mann mit seiner ganzen Familie (seinem «Oikos») an Jesus. (Johannes 4,53)

Auch Levi führte – nachdem er gläubig geworden war – viele seiner Freunde zu Jesus.

> **85 Prozent aller Menschen finden durch Freunde oder Familienmitglieder zum Glauben an Gott!**

SETZE DEINE FREUNDE AUF EINE LISTE DES LEBENS

Als Jesus weiterging, sah er Levi, den Sohn des Alphäus, am Zoll sitzen. «Komm, folge mir nach!» rief er ihm zu. Sofort stand Levi auf und ging mit ihm. Danach gab Levi ein grosses Festessen. Dazu hatte er nicht nur Jesus und seine Jünger eingeladen, sondern auch viele von seinen früheren Kollegen und andere Leute (seinem «Oikos»), die einen schlechten Ruf hatten. Viele von ihnen waren zu Freunden Jesu geworden. (Markus 2,14-15)

Ebenso wie Levi übte auch Andreas – der sich kurz zuvor für Jesus entschieden hatte – grossen Einfluss auf seinen «Oikos» aus:

Wenig später traf Andreas seinen Bruder Simon (sein «Oikos»). «Wir haben Christus gefunden, den von Gott versprochenen Retter!» berichtete ihm Andreas. (Johannes 1,41)

Durch das Zeugnis seines Freundes Philippus fand Nathanael zum Glauben.

Kurze Zeit später begegnete Philippus Nathanael (seinem «Oikos») und erzählte ihm: «Endlich haben wir den gefunden, von dem Mose und die Propheten sprechen. Er heisst Jesus und ist der Sohn von Joseph aus Nazareth.» (Johannes 1,45)

Kornelius rief sein ganzes Umfeld zusammen, als er wusste, dass die Apostel und andere Gläubige zu ihm kommen würden. Dadurch geschah ein grosses Wunder: Das erste nicht-jüdische Haus fand zum Glauben an Jesus:

Als sie am folgenden Tag dort ankamen, wurden sie schon von Kornelius erwartet. Alle seine Verwandten und Freunde (sein «Oikos») waren bei ihm. Und Petrus liess alle, die im Hause des Kornelius versammelt waren, auf den Namen Jesu Christi taufen. (Apostelgeschichte 10,24+48a)

KAPITEL 1

Nachdem sich die Geschäftsfrau Lydia für Jesus entschieden hatte, liess sie sich – zusammen mit ihrer ganzen Familie – taufen:

> Lydia liess sich mit ihrer ganzen Familie (ihrem «Oikos») taufen. Danach forderte sie uns auf: «Wenn ihr davon überzeugt seid, dass ich an den Herrn glaube, dann kommt und wohnt in meinem Haus.» Sie gab nicht eher Ruhe, bis wir einwilligten. (Apostelgeschichte 16,15)

Ein besonders eindrückliches Beispiel für die zentrale Bedeutung des «Oikos» spielte sich ab, nachdem Gott Paulus und Silas durch ein Erdbeben aus dem Gefängnis befreit hatte. Der Gefängniswärter und seine ganze Familie fanden durch dieses Wunder zum Glauben:

> Als der Gefängniswärter die beiden hinausführte, fragte er sie: «Was muss ich tun, um gerettet zu werden?» «Glaube an den Herrn Jesus, dann wirst du mit deiner Familie gerettet», erwiderten Paulus und Silas. Sie verkündigten ihm und seiner ganzen Familie die Heilsbotschaft. Der Gefängnisaufseher nahm Paulus und Silas noch in derselben Stunde zu sich, reinigte und verband ihre Wunden und liess sich mit allen Familienangehörigen taufen. Dann führte er sie in seine Wohnung, bewirtete sie und freute sich mit seiner ganzen Familie (seinem «Oikos»), dass er zum Glauben an Gott gefunden hatte. (Apostelgeschichte 16,30-34)

Diese Bibeltexte zeigen dir in ermutigender Art und Weise, welch zentralen Stellenwert dein Umfeld hat.

B. Die Gründe für die grosse Wirksamkeit des «Oikos» sind vielfältig!

Dein Umfeld ist für dich die wirksamste Möglichkeit, um Menschen für Jesus zu gewinnen! Einige Gründe dafür sind:

Natürliche Beziehungen!

Es ist am natürlichsten, dass du deinem nächsten Umfeld – und nicht irgendwelchen fremden Leuten – von deinem Glauben erzählst. In deinem Umfeld hören die Leute nicht nur von deinem Glauben, sondern sie sehen ganz konkret an deinem Leben, was sich durch Jesus verändert hat. Zudem wird dein Umfeld in der Regel bereitwilliger auf dein Zeugnis hören als auf das Zeugnis von Christen, die sie nicht kennen.

Natürliche Unterstützung!

Wenn sich einer deiner Freunde für Jesus entscheidet, braucht er sehr viel Unterstützung. Dadurch, dass du bereits mit ihm befreundet bist, hast du sowieso das Bedürfnis und die Freude, mit ihm Zeit zu verbringen. Wäre es hingegen ein Fremder, würde es dich mehr Überwindung kosten, für ihn da zu sein. Einen Freund nimmst du automatisch mit in deine Kirche. Dadurch fällt es ihm leichter, sich in einer Kirche – die für sein geistliches Wachstum von entscheidender Bedeutung ist – wohl zu fühlen und sich einzugliedern.

Natürliches Wachstum!

Entscheidet sich durch dich ein Freund oder jemand aus deiner Familie für Jesus, wird er dies seinerseits – motiviert durch dein Vorbild – in seinem Umfeld erzählen. Ein gewaltiger Prozess wird gestartet! Oft finden ganze Familien im Laufe kurzer Zeit zum Glauben. Auch deine Kirche wächst, da deine Freunde wiederum ihre Freunde und Familienmitglieder mitnehmen.

KAPITEL 1

FREIZEIT

ANDERE FREUNDE

FAMILIE

MEIN NAME

NACHBARN

GEMEINDE

ARBEIT / SCHULE

2. Bete intensiv für drei Personen, die ein offenes Herz für Gott haben!

Vielleicht hast du schon oft erlebt, dass du von deinem Glauben erzählt hast, dabei aber auf Ablehnung gestossen bist. Gib nicht auf! Der Apostel Paulus hat erfolgreich vorgelebt, wie wichtig es ist, Gott um Möglichkeiten und offene Türen zu bitten und diese auch zu nutzen:

«Bis Pfingsten bleibe ich noch in Ephesus. Hier hat mir Gott grosse Möglichkeiten gegeben, das Evangelium vielen zu verkündigen.» (1. Korinther 16,8-9a)

Sogar im Gefängnis sehnte sich Paulus nach Menschen mit offenen Herzen für Jesus. Deshalb schrieb er an die Christen in Kolossä:

«Lasst euch durch nichts vom Gebet abbringen, und vergesst dabei nicht, Gott zu danken. Betet auch für uns, damit Gott uns eine Möglichkeit gibt, die Botschaft von Christus zu verkündigen, für die ich hier im Gefängnis sitze. Und betet, dass ich frei und offen von dem reden kann, was mir aufgetragen wurde. Verhaltet euch klug und besonnen denen gegenüber, die keine Christen sind. Denkt daran, dass euch nicht mehr viel Zeit bleibt. Redet mit jedem Menschen freundlich, aber scheut euch nicht, die Wahrheit zu sagen. Dann werdet ihr schon für jeden die richtigen Worte finden.» (Kolosser 4, 2-6)

Kapitel 1

Dadurch, dass Paulus und Barnabas Gott um Begegnungen mit «offenen Menschen» baten, erlebten sie viele Bekehrungen:

«Unmittelbar nach ihrer Ankunft in Antiochia riefen Paulus und Barnabas die Gemeinde zusammen. Die Apostel berichteten von Gottes Wundern auf ihrer Reise und wie Gott auch den Heiden den Weg zum Glauben gezeigt hatte.» (Apostelgeschichte 14,27)

Dass Paulus sehr feinfühlig auf die Stimme des Heiligen Geistes reagierte, zeigt auch folgender Text:

«Als ich nach Troas kam, um dort das Evangelium von Christus zu verkündigen, waren die Menschen sehr offen für diese Botschaft. Trotzdem war ich beunruhigt, weil ich meinen Mitarbeiter Titus nicht antraf. Darum verabschiedete ich mich bald wieder von den Christen in Troas und reiste ihm nach Mazedonien entgegen.» (2. Korinther 2,12-13)

Von Paulus kannst du also lernen, wie wichtig es ist, darauf zu achten, ob Menschen in deinem Umfeld offen sind für Gott. Denn es geht nicht einfach darum, von Jesus zu erzählen, sondern entscheidend ist, dass du denjenigen Menschen von Jesus erzählst, die dafür offen sind. Das aber kann dir nur der Heilige Geist aufzeigen. Das Erkennen der Stimme des Heiligen Geistes ist ein Lernprozess. Bleib dran, es lohnt sich!

In deinem Umfeld sind heute Menschen offen für Gott!

SETZE DEINE FREUNDE AUF EINE LISTE DES LEBENS

BITTE JETZT DEN HEILIGEN GEIST, DIR ZU ZEIGEN, WELCHE DEINER FREUNDE OFFEN FÜR JESUS SIND. DIESE SÄTZE SOLLEN DICH DABEI ERMUTIGEN:

«Bisher habt ihr in meinem Namen nichts von Gott erbeten. Bittet ihn, und er wird es euch geben. Dann wird eure Freude vollkommen sein.» (Johannes 16,24)

SCHREIBE DIE NAMEN DEINER FREUNDE – DIE GOTT DIR AUFGEZEIGT HAT – IN FOLGENDE «LISTE DES LEBENS»:

1.
2.
3.
...
...
...
...

3. Pflege Freundschaften in deinem Umfeld!

Du hast Gott um Menschen gebeten, die offen für ihn sind. Verbringe intensiv Zeit mit ihnen, denn du bist für sie vielleicht der einzige Christ, dem sie jemals begegnen werden. Du bist die modernste Bibelübersetzung, die es gibt! An dir lesen die Menschen in deinem Umfeld die Bibel. Wenn du als Repräsentant von Gottes Reich okay bist, dann ist auch Gott in den Augen deiner Freunde okay!

Investiere viel Zeit in die Menschen, die Gott dir aufgezeigt hat!

«Ihr seid das Licht, das die Welt erhellt. Eine Stadt, die hoch auf dem Berg liegt, kann nicht verborgen bleiben. Man zündet ja auch keine Lampe an und deckt sie dann zu. Im Gegenteil: Man stellt sie so auf, dass sie allen im Haus Licht gibt. Genauso soll euer Licht vor allen Menschen leuchten. An euren Taten sollen sie euren Vater im Himmel erkennen und ihn auch ehren.» (Matthäus 5,14-16)

⬇ **LIES JOHANNES 4,4-39 UND SCHREIB AUF, WAS DICH BEIM LESEN DER BEGEGNUNG UND DEM ANSCHLIESSENDEN GESPRÄCH BEWEGT.**

_____

_____

_____

_____

_____

_____

_____

_____

_____

_____

_____

_____

_____

Setze deine Freunde auf eine Liste des Lebens

Gott will dich in gewaltiger Weise brauchen, um Menschen für Jesus zu gewinnen! In deinem Umfeld liegt das grösste Potenzial, um Menschen zum Glauben zu führen. Bete intensiv für drei Menschen aus deinem Umfeld, die ein offenes Herz für Gott haben und verbringe viel Zeit mit ihnen.

Actionstep

Verbringe diese Woche Zeit mit einer Person, die auf deiner Liste steht. Du kannst ihr auch ein SMS oder E-Mail schreiben oder ganz praktisch deine Hilfe anbieten. Eine Einladung zum Essen und aufmerksames Zuhören sind ebenfalls gute Möglichkeiten, um Freundschaften zu pflegen und zu vertiefen.

Beginne gleich heute, regelmässig für die Freunde oder Familienangehörige – die auf deiner Liste stehen – zu beten. Bitte darum, dass der Heilige Geist ihre Herzen berührt, damit sie erkennen, dass auch sie Jesus brauchen.

KAPITEL 2

Bete für deine Freunde bis zum Erfolg!

Kapitel 2

Im letzten Kapitel hast du gelernt, was für ein grosses Potenzial in deinem Umfeld liegt. Jetzt geht es um die zentrale Bedeutung des Betens! Gebet ist das wirksamste Mittel, wozu Gott dich auffordert, um dein Umfeld – die Freunde, die auf deiner Liste stehen – für ihn zu gewinnen. Lerne, so zu beten, dass es wirklich einen Unterschied macht! Der Prophet Daniel ist ein Vorbild dafür, wie Gebet Erfolg bringen kann.

Dieses Kapitel zeigt dir also, wie wichtig es ist, dass du im Gebet dran bleibst!

1. Nimm persönlich Anteil an der Not deiner Freunde!

Daniel liess die Not seines Volkes nicht gleichgültig. Im Gegenteil, er identifizierte sich mit ihrem Schmerz! Überlege dir, wie es bei dir ist. Vielleicht bist du wie Daniel und nimmst grossen Anteil an der Not deiner Freunde. Vielleicht bist du aber auch in Gefahr, aus Sorge um deine eigenen Probleme diejenigen deiner Freunde zu übersehen. Sei dir in diesem Fall bewusst: Es hat grosse Auswirkung, wenn du anfängst, persönlich Anteil an den Schwierigkeiten deiner Freunde zu nehmen! So wie Daniel, der aus Liebe alles tat, um seinem Volk zu helfen:

Identifiziere dich mit der Not deiner Freunde!

«Da flehte ich zum Herrn, meinem Gott, ich fastete, zog ein Trauergewand aus Sacktuch an und streute Asche auf meinen Kopf.» **(Daniel 9,3)**

BETE FÜR DEINE FREUNDE BIS ZUM ERFOLG

⬇ *LIES FOLGENDE BIBELSTELLEN:*
- *JEREMIA 13,17*
- *MATTHÄUS 23,37*
- *RÖMER 9,2-3*

SCHREIBE AUF, WAS DIR BEI DIESEN BIBELSTELLEN BEWUSST WIRD:

KAPITEL 2

BETE ZUSAMMEN MIT ZWEI GLÄUBIGEN FREUNDEN, DASS GOTT DIR EINE «LAST» FÜR DIE ZWEI FREUNDE AUFS HERZ LEGT, DIE AUF DEINER LISTE STEHEN. DAMIT DU VON GANZEM HERZEN ANTEIL AN IHRER NOT NEHMEN KANNST.

2. Bekenne stellvertretend für deine Freunde ihre Sünden und bitte Gott um Vergebung!

Die Sünde im Leben deiner Freunde hindert sie daran, Gott zu erkennen. Wenn du an ihrer Stelle Gott ihre Sünden bekennst und ihn um Vergebung für diese Verfehlungen bittest, kann ihnen dies die Augen für Gott öffnen. Somit trittst du in den «Riss», der zwischen Gott und deinen Freunden besteht. Genau das tat auch Daniel:

Trete für deine Freunde vor Gott in den «Riss»!

Ich bekannte dem Herrn die Schuld unseres Volkes: «Ach Herr, du mächtiger und Ehrfurcht gebietender Gott! Du hältst deinen Bund mit uns und erweist Gnade denen, die dich lieben und nach deinen Geboten leben. Doch wir haben gegen dich gesündigt und grosses Unrecht begangen! Was du wolltest, war uns gleichgültig! Ja, wir haben uns gegen dich aufgelehnt und deine Gebote und Weisungen umgangen.» (Daniel 9,4-5)

> *Lies Nehemia 1,1-11 und schreibe deine Gedanken auf:*

_____
_____
_____
_____
_____
_____
_____
_____
_____
_____

3. Bitte Gott um Gnade!

Gott ist ein Gott der Liebe, der immer und immer wieder vergibt! Verdienen kann man sich diese Liebe und auch die Vergebung nicht! Es ist alles ein Geschenk! Gott will deinen Freunden gnädig sein – so wie er auch Abraham, Isaak und Jakob gnädig war.

«Wir flehen zu dir, nicht weil wir deine Hilfe verdient hätten, sondern weil du uns schon so oft gnädig gewesen bist.» (Daniel 9,18)

Gott ist deinen Freunden gnädig – so wie er es auch bei Abraham, Isaak und Jakob war!

> *Bitte Gott, dass er deinen Freunden den Schleier – der ihre Sicht auf ihn versperrt – wegreisst, damit sie seine Liebe und Gerechtigkeit erkennen können!*

KAPITEL 2

LIES 4. MOSE 11,1-35 UND SCHREIBE DEINE GEDANKEN DAZU AUF:

___
___
___
___
___
___
___
___
___

4. Führe den geistlichen Kampf mit Ausdauer!

Deine Ausdauer kann sehr schnell nachlassen, wenn du für deine Freunde betest und nicht sofort oder bald geniale Resultate siehst. Doch lass dich nicht entmutigen! Bete weiter wie Daniel, der mit grosser Geduld kämpfte. Es braucht Zeit, um in der geistlichen Welt einen Sieg zu erreichen, denn dort findet ein grosser Kampf zwischen Gott und dem Teufel statt. Der Prozess bis ein Mensch sein Leben Jesus anvertraut und damit Glauben wagt, kann verglichen werden mit einem Berg und dem Graben eines Tunnels. Der Moment der Entscheidung für Jesus ist dann wie der Durchbruch des Tunnels; der Durchbruch zu einem neuen Leben in einem neuen Licht! Bei Daniel sagte ihm ein Engel:

BETE FÜR DEINE FREUNDE BIS ZUM ERFOLG

«Schon an dem Tag, als du anfingst zu beten, hat Gott dich erhört. Darum bin ich nun zu dir gekommen. Aber der Engelfürst des Perserreiches stellte sich mir entgegen und hielt mich einundzwanzig Tage lang auf. Doch dann kam mir Michael zu Hilfe, einer der höchsten Engelfürsten. Ihm konnte ich den Kampf um das Reich der Perser überlassen. Ich bin jetzt hier.» (Daniel 10,12b-14a)

Ringe bis zum Durchbruch für deine Freunde!

⬇ *VON DIESEM KAMPF – WIE IHN DANIEL ERLEBT HAT – LIEST DU AUCH IM EPHESERBRIEF 6,10-17. SCHREIBE AUF, WAS DIR DABEI AUFFÄLLT:*

_____

_____

_____

_____

DER TEUFEL WILL DICH VOM BETEN ABHALTEN, DOCH DER HEILIGE GEIST, DER IN DIR LEBT, IST STÄRKER! BETE WEITER, SO WIE EINE WITWE NICHT AUFGAB, BIS SIE IHR ZIEL ERREICHTE. LIES ZUR ERMUTIGUNG DIESE GESCHICHTE IN LUKAS 18,1-18 UND SCHREIBE DEINE GEDANKEN AUF:

_____

_____

_____

_____

_____

5. Betet zu dritt für eure Freunde, die noch nicht an Gott glauben!

In deinem persönlichen Gebet liegt grosse Kraft. Noch grössere Auswirkungen hat es, wenn du zusammen mit anderen betest, die auch an Jesus glauben. Denn aus einem Gebetstrio fliesst Autorität:

Autorität fliesst aus deinem Gebetstrio!

«Aber auch das sage ich euch: Wenn zwei von euch hier auf der Erde meinen Vater um etwas bitten wollen und darin übereinstimmen, dann wird er es ihnen geben. Denn wo zwei oder drei in meinem Namen zusammenkommen, bin ich in ihrer Mitte.» (Matthäus 18,19-20)

> **BILDE MIT ZWEI ANDEREN CHRISTEN EIN GEBETSTRIO UND BRINGT DANN EURE LISTEN DES LEBENS MIT UND TRAGT EURE NAMEN GEMEINSAM IN DIE GROSSE LISTE EIN, UM FÜR ALLE FREUNDE ZU BETEN!**

1.	7.
2.	8.
3.	9.
4.	10.
5.	11.
6.	12.

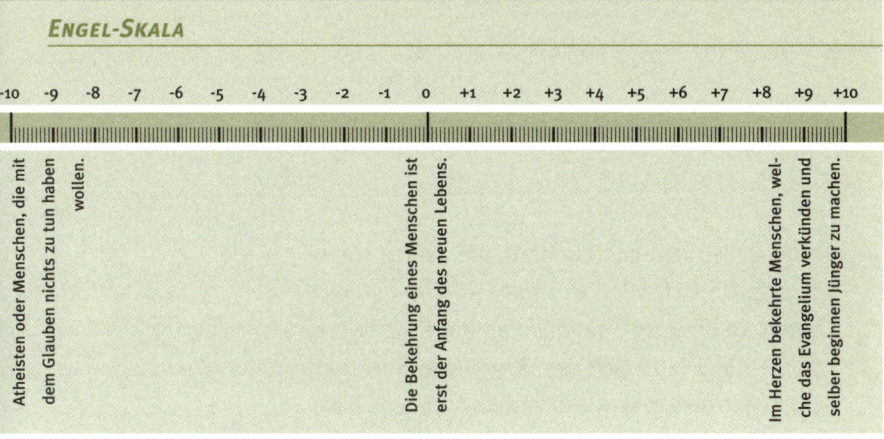

Die sogenannte Engel-Skala hat nichts mit Engeln zu tun, sondern ist nach ihrem Erfinder benannt. Sie zeigt den geistlichen Zustand eines Menschen. Grundsätzlich ist jeder Mensch vor seiner Bekehrung und Wiedergeburt im Minusbereich der Skala. Die Wiedergeburt zu einem neuen Leben mit Gott beginnt am Nullpunkt. Danach lebt ein Mensch im Plusbereich der Skala.

Du kannst jetzt mal versuchen, deinen Freund auf dieser Skala zu lokalisieren. Steht er bei Minus 8, weil er noch weit weg ist von Gott oder hat er schon einige Schritte getan und befindet sich mittlerweile bei Minus 4? Dann kannst du direkt den Gebets- und Fastenerfolg ablesen und weißt, welche Schritte dein Freund noch zu gehen hat.

Du merkst hier aber auch, dass die Bekehrung eines Menschen noch lange nicht alles ist – dann steht er ja erst bei null und das neue Leben fängt an!

Insgesamt zeigt dir die Engel-Skala, dass jeder Mensch ein potenzielles Kind Gottes ist und es nur eine Frage von Zeit und den entsprechenden Schritten aus dem Minus ins Plus ist, dass ein Mensch gerettet werden kann. Bei Gott gibt es keine hoffnungslosen Fälle – und das ist total motivierend!

Im Gebet liegt enorme Kraft, um deinen Freunden die Augen für Gott zu öffnen. Nimm persönlich Anteil an ihrer Not. Bekenne an ihrer Stelle ihre Sünden und bitte Gott um Vergebung. Bitte Gott um Gnade für sie, so wie er bereits Abraham, Isaak und Jakob gnädig war. Bleibe dran im Gebet, nicht nur allein, sondern betet regelmässig auch zu dritt, bis ihr einen Durchbruch erreicht!

Actionstep:

Triff dich regelmässig mit deinem Gebetstrio und betet zusammen für die Menschen auf eurer Liste. Entscheidet euch dafür, solange zu beten, bis es zu einem Durchbruch kommt. Das könnt ihr nur mit Gottes Hilfe, und er hilft euch gerne! Das Ziel ist, so zu beten, dass die neun Freunde zum Glauben an Jesus Christus finden. Danach können sie in die Festigungsphase eingeladen und begleitet werden: also zum Durcharbeiten der Themen im zweiten Buch «FESTIGEN – festige deinen jungen Glauben»!

KAPITEL 3

Erkenne die Kraft des Fastens für deine Freunde!

Im letzten Kapitel hast du gelernt, wie du im Gebet einen Durchbruch schaffen kannst. Nun startest du – hoffentlich voll motiviert – ins neue Kapitel. Es geht hier um die besondere Kraft, die in der Kombination von Gebet und Fasten liegt und wovon in der Bibel immer wieder die Rede ist. Gerade wenn du deine Freunde für Jesus gewinnen möchtest, ist es wichtig, für sie zu fasten. Besonders dann, wenn du merkst, dass du mit Gebet allein nicht weiterkommst. In diesem Zusammenhang kannst du wiederum vom Propheten Daniel lernen, der für sein Volk fastete:

Da flehte ich zum Herrn, meinem Gott, ich fastete, zog ein Trauergewand aus Sacktuch an und streute Asche auf meinen Kopf. (Daniel 9,3)

Die folgenden Abschnitte helfen dir, erfolgreich zu fasten!

1. Erkenne, was deine Freunde daran hindern kann, zum Glauben an Jesus zu finden!

Es gibt verschiedene Faktoren, die verhindern können, dass sich deine Freunde für Jesus entscheiden:

A. MÄCHTE IN DER UNSICHTBAREN WELT!

Böse Mächte der unsichtbaren Welt setzen alles daran, dass deine Freunde Gott nicht erkennen.

«Die Ungläubigen hat der Satan so verblendet, dass sie das helle Licht des Evangeliums und damit die Herrlichkeit Christi nicht sehen können.»
(2. Korinther 4,4)

Es gibt eine geistliche Realität: Du kämpfst in deinem Leben als Christ nicht gegen Menschen aus Fleisch und Blut, sondern gegen Mächte des Bösen. Manchmal wirken diese Blockaden Satans so stark, dass die betroffenen Menschen Gott gegenüber enorm verschlossen sind und ihn nicht erkennen können. Daher sagte Gott zum Propheten Jesaja:

«Gehe zu diesem Volk und sprich: Ihr werdet hören und nicht verstehen, sehen und nicht erkennen. Denn das Herz dieses Volkes ist hart. Ihre Ohren und Augen halten sie fest verschlossen, um nur ja nichts zu sehen, zu hören und zu verstehen. Sie würden sich sonst bekehren, und ich würde sie heilen.»
(Apostelgeschichte 28,26-27)

Solche Blockaden werden aus dem Weg geräumt, wenn du für deine Freunde betest und fastest! Hab keine Angst, denn Jesus ist stärker als jede andere Macht!

Blockaden müssen aus dem Weg geräumt werden!

B. BEACHTE DEINE EIGENE HALTUNG!

Auch deine eigene Haltung kann deine Freunde daran hindern, zum Glauben an Jesus zu finden:

GLEICHGÜLTIGKEIT!

Gleichgültigkeit hat zur Folge, dass du deinen Freunden weder voller Freude von Jesus erzählst noch für sie im Gebet und Fasten einstehst. Bitte Gott, dass er dir eine glühende Liebe für deine Freunde schenkt! Besonders wenn du merkst, dass du mit Gleichgültigkeit zu kämpfen hast.

ANGST!

Oft fehlt dir aber auch der Mut und du hast Angst, deinen Glauben vor anderen Menschen zu bezeugen. Du denkst, du könntest dein Gesicht verlieren, ausgelacht werden oder von deinen Freunden gemieden werden. Bete zu Jesus, dass er dir deine Menschenfurcht nimmt und du mutig sein kannst. Es kann sein, dass du von Jesus erzählst und es negative Folgen für dich hat. Bedenke immer, dass nur so Menschen überhaupt gerettet werden können. Wenn du es nicht wagst, wer dann?

UNGLAUBE!

Auch fehlender Glaube kann der Grund dafür sein, wenn sich bei deinen Freunden nichts verändert. Bitte Gott in diesem Fall um Glauben und Vertrauen, damit du nicht daran zweifelst, dass er die Herzen deiner Freunde berühren wird.

Die falsche Methode!
Vielleicht versuchst du von ganzem Herzen, deine Freunde für Jesus zu gewinnen, doch du merkst, dass du es irgendwie nicht richtig anpackst. Durch das Lesen dieses Buches bist du auf dem besten Weg zu lernen, wie du erfolgreich Menschen für Jesus gewinnen kannst!

Entscheide dich dafür, jede Möglichkeit zu nutzen, um die Menschen in deinem Umfeld für Jesus zu gewinnen. Paulus ist das eindrückliche Beispiel eines Menschen, der selbst in den schwierigsten Situationen noch an seine Mitmenschen dachte. Selbst im Gefängnis war es sein wichtigstes Anliegen, Menschen das Evangelium zu verkündigen:

«Hört nie auf, zu bitten und zu beten! Betet auch für mich, damit Gott mir zur rechten Zeit das rechte Wort gibt und ich überall das Evangelium von Jesus Christus frei und offen verkündigen kann. Auch hier im Gefängnis will ich das tun.» (Epheser 6,18-20)

2. Sei dir bewusst, welch grosse Kraft im Fasten liegt!

Fasten wirkt sich rundum positiv aus – auf deinen Geist, deine Seele und deinen Körper. Im geistlichen Bereich gelangst du zu mehr Autorität und Klarheit! Im seelischen Bereich geschehen oft Durchbrüche, die dir helfen, eigene Mauern zu überwinden! Und dein Körper wird durch das Fasten von Giftstoffen entschlackt!

Fasten öffnet die geistlichen Augen deiner Freunde!

⬇ *Lies Jesaja 58,1-12, das so genannte «Königskapitel» über Fasten. Schreibe auf, unter welchen Umständen Gott das Fasten nicht erhört und notiere dir als positives Gegengewicht, welche Verheissungen für das Fasten gegeben sind:*

– Blockaden:	+ Verheissungen:

3. Faste, bis du einen geistlichen Durchbruch erlebst!

Für deine Freunde zu fasten, benötigt oft viel Geduld, denn nicht immer geschehen Veränderungen von heute auf morgen. Doch es lohnt sich, denn das Fasten bricht die Macht von Satan und der Verblendung, die er bewirkt hat! Wie zentral das Fasten in der Bibel ist – und in welchen Fällen gefastet wurde – zeigen dir folgende Beispiele:

Fasten bricht die Macht der Verblendung!

Um Dämonen auszutreiben!

Jesus selbst sagte seinen Jüngern, dass es Schwierigkeiten gibt, die ein Christ nur durch Gebet UND Fasten lösen kann:

Als Jesus mit seinen Jüngern ins Haus gegangen war, fragten sie ihn: «Weshalb konnten wir diesen Dämon nicht austreiben?» Jesus antwortete: «Das könnt ihr nur durch Beten und Fasten.» (Markus 9,28+29)

UM KRANKHEITEN ZU BEKÄMPFEN!

David schreibt von seinem Fasten, wenn jemand in seinem Umfeld krank war:

«Wenn einer von ihnen schwerkrank war, zog ich Trauerkleidung an, fastete für ihn und betete mit gesenktem Kopf.» (Psalm 35,13)

UM REUE UND UMKEHR ZU GOTT ZU ZEIGEN!

Gott hatte bereits beschlossen, die Stadt Ninive aufgrund ihrer Gottlosigkeit zu vernichten. Er schickt seinen Propheten Jona nach Ninive, um sein Urteil anzukündigen. Die Bewohner der Stadt erkannten ihr Unrecht, kehrten um zu Gott und fasteten gemeinsam. Wie reagierte Gott darauf? Er freute sich sehr über die Reue und Umkehr der Einwohner und verschonte sie!

Jona ging in die Stadt hinein, und nachdem er einen Tag lang gelaufen war, rief er: «Noch vierzig Tage, dann legt Gott Ninive in Schutt und Asche!» Da glaubten die Einwohner von Ninive an Gott. Sie beschlossen zu fasten, und alle, von den einflussreichen bis zu den einfachsten Leuten, zogen als Zeichen ihrer Reue Kleider aus Sacktuch an. (Jona 3,4-5)

4. Erkenne, wie und wann du fasten sollst!

Wie du in den letzten Abschnitten erkennen konntest, liegt enorme Kraft im Fasten. Du wirst die Autorität Gottes erkennen! Faste aber nicht nach eigenem Gutdünken, sondern beachte die nachstehenden Tipps, damit dein Fasten erfolgreich ist und dir nicht schaden wird.

A. Jetzt ist die Zeit zum Fasten!

Es ist super, wenn du dich gleich jetzt dafür entscheidest, für deine Freunde zu fasten. Denn Fasten solltest du nicht nur gelegentlich, sondern so oft wie möglich! Am besten fastest du nicht allein, sondern mit deinem Gebetstrio oder sogar mit deiner ganzen Kirche.

Halte dich für ein erfolgreiches Fasten an Tipps, auch damit es dir nicht schadet!

«Blast das Horn auf dem Berg Zion! Ruft die Menschen zum Fasten auf!» (Joel 2,15)

B. Faste auf angemessene Art und Weise!

Je öfter du fastest, desto leichter wird es dir fallen, während einiger Tage oder Wochen zu fasten. Neben dem «Vollfasten» – das heisst dem vollständigen Verzicht auf Essen – kannst du auch ein «Teilfasten» in Erwägung ziehen. Dabei verzichtest du beispielsweise auf einzelne Mahlzeiten oder auf den Konsum von Süssigkeiten. Zudem ist es möglich, auf anderes zu verzichten, zum Beispiel auf den Computer, auf Fernsehen oder auf die Zeitungslektüre. Konsultiere vor dem Fasten einen Arzt, falls du gesundheitlich angeschlagen bist! Und falls du unter Essstörungen leidest, solltest du auf ein Fasten ganz verzichten, damit dein Problem nicht verstärkt wird. Auf keinen Fall sollte es dir nach dem Fasten so mies gehen wie dem Psalmisten David, der zu lange fastete:

«Vom vielen Fasten zittern mir die Knie, ich bin nur noch Haut und Knochen.» (Psalm 109,24)

Erkenne die Kraft des Fastens für deine Freunde

Halte dich an folgende Tipps zum Fasten:
- Führe mit Glaubersalz ab, bevor du zu fasten beginnst!
- Trinke viel Mineralwasser und Tee!
- Achte auf genügend Salz, zum Beispiel in Form von Bouillon (Kraft-/Fleischbrühe)!
- Trinke evtl. auch Fruchtsäfte oder nimm Vitamine ein!
- Unternimm Spaziergänge, denn Sauerstoff ist sehr wichtig!
- Trinke evtl. weiterhin Kaffee, damit du keine Entzugserscheinungen hast!
- Führe ein Tagebuch, in dem du geistliche, physische und seelische Erlebnisse aufschreibst.
- Verbringe in deiner Fastenzeit noch mehr Zeit mit Gott als sonst. Lies viel in der Bibel und bete!

C. Reinige dein Herz und deine Beziehungen!

Deine Motivation ist entscheidend beim Fasten! Faste mit dem Wunsch, Gott näher zu kommen. Nur wenn du mit der richtigen Herzenshaltung fastest, hat Gott Gefallen daran. Bitte Gott, dass er dir aufzeigt, falls unerkannte Sünde in deinem Leben ist und bitte ihn um Vergebung für das, was er dir aufzeigt. Ganz wichtig ist, dass du, soweit es an dir liegt, in Frieden mit den Menschen in deinem Umfeld lebst. Beim Fasten geht es um etwas zwischen dir und Gott, deshalb müssen nicht alle davon wissen.

«**Fastet nicht wie die Heuchler! Sie setzen eine weh**leidige Miene auf, damit jeder merkt, was ihnen ihr Glaube wert ist. Das ist dann auch der einzige

Lohn, den sie je bekommen werden. Wenn du fastest, dann pflege dein Äusseres so, dass keiner etwas von deinem Verzicht merkt ausser deinem Vater im Himmel. Dein Vater, der jedes Geheimnis kennt, wird dich belohnen.» (Matthäus 6,16-18)

Im Fasten – in der Kombination mit Gebet – liegt ein grosses Potenzial! Böse Mächte in der unsichtbaren Welt wie auch deine eigene Haltung können deine Freunde daran hindern, zu Jesus zu finden. Das Fasten öffnet die «geistlichen Augen» deiner Freunde, so dass sie Gott erkennen. Oft braucht es Geduld, doch bleib dran, bis du einen geistlichen Durchbruch erlebst. Wichtig ist, dass du angemessen fastest, indem du die angegebenen Tipps befolgst. Du wirst staunen, was Gott alles bewirkt!

Actionstep:

- *Besprich mit deinem Gebetstrio, auf welche Weise («Vollfasten»; «Teilfasten») und wie lange ihr fasten wollt.*
- *Beginne in kleinen Schritten zu fasten, wenn es für dich noch neu ist.*

KAPITEL 4

Kümmere dich um die Not deiner Freunde!

KAPITEL 4

Das grösste Problem jedes Menschen liegt darin, dass ihn seine Sünde von Gott trennt! Jesus ist auf die Erde gekommen, um dieses Problem zu lösen. Jedem, der an ihn glaubt, vergibt Gott seine ganze Schuld.

«Der Tod ist durch die Schuld eines einzigen Menschen, nämlich Adam, in die Welt gekommen. Ebenso kommt auch durch einen Einzigen, nämlich Christus, die Auferstehung.» (1. Korinther 15,21)

Deine Freunde, die noch nicht an Jesus glauben, erkennen die Sünde nicht als ihr Wurzelproblem. Sie sehen nur ihre unmittelbaren Nöte, wie:

- *EINSAMKEIT!*
- *KRANKHEITEN!*
- *FINANZIELLE ENGPÄSSE!*
- *SÜCHTE!*

Jesus half den Menschen immer zuerst dort, wo sie der Schuh drückte. Als Folge erkannten sie plötzlich ihre Sünde! Mit anderen Worten: Jesus half den Menschen in ihren natürlichen Problemen und die Menschen reagierten mit geistlicher Erkenntnis. In der Tabelle findest du vier eindrückliche Beispiele aus der Bibel.

KÜMMERE DICH UM DIE NOT DEINER FREUNDE

⬇ *FÜLLE DIE TABELLE AUS, WÄHREND DU DIE ANGE-GEBENEN BIBELSTELLEN AUFMERKSAM LIEST:*

	Welches war die Not?	Wie half Jesus?	Wie war die Reaktion?	Welches war die geistliche Erkenntnis?
PETRUS Lukas 5, 1-8				
ZACHÄUS Lukas 19, 2-8				
BARTIMÄUS Lukas 18, 35-43				
GELÄHMTER Markus 2, 1-12				
SAMARITERIN Johannes 4, 1-42				

1. Erkenne die grösste Not deiner Freunde!

Deine Freunde haben Schwierigkeiten in ihrem Leben, die ihnen zu schaffen machen. Folge dem Vorbild von Jesus und lindere die Not deiner Freunde! Dazu musst du allerdings herausfinden, was ihr grösstes Problem ist. Das erkennst du, indem du Zeit mit ihnen verbringst!

Deine Freunde haben Nöte, die sie belasten!

⬇ *Notiere in der Tabelle, was die grössten Nöte deiner Freunde sind:*

Name der Freunde	Welches sind ihre grössten Nöte?
1.	
2.	
3.	

2. Stille die Not deiner Freunde!

Du als Christ bist ein Repräsentant von Gottes Reich auf der Erde. Gott baut auf dich und will, dass du ihm und deinen Freunden dienst. Deshalb forderte Jesus seine Jünger auf:

«Heilt, weckt Tote auf, macht Leprakranke gesund und treibt Dämonen aus! Tut alles, ohne etwas dafür zu verlangen, denn ihr habt auch die Kraft dazu umsonst bekommen.» (Matthäus 10,8)

Frage deine Freunde, ob du für ihre Schwierigkeiten beten darfst. Selbst wenn sie dem Glauben gegenüber skeptisch sind, werden sie sich mit grosser Wahrscheinlichkeit darüber freuen, dass du für ihre Probleme beten willst. Denn das zeigt ihnen, dass du sie ernst nimmst!

Gott hat für jede Not deiner Freunde eine spezielle Verheissung!

A. Bete für ein Wunder, denn für jede Not hat Gott eine Verheissung!

Erkläre deinen Freunden, dass Gott für jede Not in ihrem Leben eine Verheissung hat. Wenn du betest, kannst du diese Verheissungen von Gott für deine Freunde in Anspruch nehmen.

«Die Glaubenden aber werde ich durch folgende Zeichen bestätigen: In meinem Namen werden sie Dämonen austreiben und in neuen Sprachen reden. Gefährliche Schlangen und tödliches Gift werden ihnen nicht schaden. Den Kranken werden sie die Hände auflegen und sie heilen.» (Markus 16,17-18)

Bei Einsamkeit und Ängsten: *GOTT IST DIR NAH!*
Der Herr antwortete: «Ich stehe dir bei.» (2. Mose 3,12a)

Bei Entscheidungen: *GOTT IST DEIN HIRTE!*
«Der Herr ist mein Hirte. Nichts wird mir fehlen.» (Psalm 23,1)

Bei Krankheiten: *GOTT IST DEIN ARZT!*
«Ich bin der Herr, dein Arzt.» (2. Mose 15, 26b: Luther)

Bei Anklagen: *GOTT IST DEINE GERECHTIGKEIT!*
Und dies wird sein Name sein, dass man ihn nennen wird: «Der Herr unsere Gerechtigkeit.» (Jeremia 23,6b: Luther)

Bei Depressionen und Nervosität: ***GOTT IST DEIN FRIEDE!***
Gideon baute einen Altar und gab ihm den Namen: «Der Herr ist Friede.» (Richter 6,24a)

Bei Niederlagen und Unglück: ***GOTT IST DEIN SIEG!***
Mose errichtete einen Altar und nannte ihn: «Der Herr ist mein Feldzeichen (mein Sieg).» (2. Mose 17,15)

Bei Mangel: ***GOTT IST DEIN VERSORGER!***
Den Ort nannte Abraham: «Der Herr versorgt.» (1. Mose 22,14a)

Vielleicht liegt deine grösste Angst darin, dass du für deine Freunde beten wirst und nichts geschieht. Du brauchst dich jedoch nicht davor zu fürchten! Für die Wunder ist letztendlich Gott – nicht du – zuständig! Deine Aufgabe besteht darin, für die Not deiner Freunde da zu sein und für sie zu beten. Was danach geschieht, liegt in Gottes Hand und du brauchst dich nicht unter Druck zu setzen. Vertraue einfach darauf, dass Gott eingreifen wird, denn dein Glaube bewirkt enorm viel!

Jesus erwiderte: «Wenn ihr wirklich glaubt und nicht zweifelt, könnt ihr nicht nur dies tun, sondern noch grössere Wunder. Ihr könnt sogar zu diesem Berg sagen: Hebe dich von der Stelle und stürze ins Meer! Es wird geschehen. Ihr werdet alles bekommen, wenn ihr im festen Glauben darum bittet.» (Matthäus 21,21-22)

Notiere in der Tabelle die Verheissungen Gottes, welche den Problemen deiner Freunde entsprechen.

Name der Freunde	Welches sind ihre grössten Nöte?	Entsprechende Verheissung Gottes
1.		
2.		
3.		

B. Biete praktische Hilfe an!

Jesus forderte den Fischer Petrus auf, nochmals auf den See hinauszufahren. Und Petrus fing so viele Fische wie noch nie zuvor! Durch die Hilfe, die ihm Jesus anbot, realisierte er plötzlich seine grösste Not. Nämlich, dass er ein sündiger Mensch war.

Jesus sagte zu Petrus: «Fahrt jetzt weiter auf den See, und werft eure Netze aus!» «Herr», gab Petrus zu bedenken, «wir haben die ganze Nacht gearbeitet und nichts gefangen. Aber weil du es sagst, will ich es wagen.» Sie warfen die Netze aus und fingen so viele Fische, dass die Netze zu zerreissen drohten. Als Petrus das sah, fiel er erschrocken vor Jesus nieder und rief: «Herr, geh weg von mir! Ich bin ein sündiger Mensch!» (Lukas 5,1-8)

Gute Gespräche bewirken viel. Doch lass deinen Worten auch Taten folgen. Denn «Zeit investieren» ist der Schlüssel für Herzen, die nach der Wahrheit suchen!

KAPITEL 4

⬇ *SCHREIBE IN DIE TABELLE, WIE DU DEINEN FREUNDEN PRAKTISCH HELFEN KANNST:*

NAME DER FREUNDE	WAS SIND IHRE GRÖSSTEN NÖTE?	WOFÜR KANN ICH BETEN?	WIE KANN ICH PRAKTISCH HELFEN?
1.			
2.			
3.			

3. Fordere deine Freunde auf, Jesus von ganzem Herzen zu suchen!

Wenn im Leben deiner Freunde durch dein Gebet ein Wunder geschieht, erkennen sie, dass Jesus heilt und hilft. Das ist gewaltig, denn dadurch merken sie, dass Jesus ihr Heiland ist. So wie dies auch der Leprakranke erkannte, als Jesus ihn heilte:

«Sprich mit niemandem über deine Heilung», schärfte ihm Jesus ein, «sondern gehe direkt zum Priester, und lass dich von ihm untersuchen. Bring das Opfer für deine Heilung, wie es Mose vorgeschrieben hat. Jeder soll merken, dass Gott dich geheilt hat.» Aber der Mann erzählte überall, wie er geheilt worden war, so dass Jesus nicht länger in der Stadt bleiben konnte.» (Markus 1,43-45)

Danach sollte es aber einen Schritt weitergehen. Es reicht nicht, wenn deine Freunde erkennen, dass Jesus der Heiler ihrer Probleme ist. Vielmehr muss ihnen bewusst werden, dass Jesus die Herrschaft in jedem Lebensbereich beansprucht.

Durch Wunder im Bereich ihrer Nöte erkennen deine Freunde Gottes Macht!

KÜMMERE DICH UM DIE NOT DEINER FREUNDE

Jesus hat sich immer zuerst um die Not der Menschen gekümmert. Dadurch haben die Menschen erkannt, wer Gott ist. Folge dem Vorbild von Jesus, indem du die grösste Not im Leben deiner Freunde erkennst. Stille ihre Not durch Gebet und indem du für sie da bist. Fordere deine Freunde auf, Jesus von ganzem Herzen zu suchen, damit sie erkennen, dass er sowohl ihr Helfer als auch ihr Herr sein will. Setze dich nicht unter Druck, denn für die Resultate ist letztendlich Gott zuständig!

Actionstep:

BETE UND FRAGE GOTT, WIE DU DEN NÖTEN DEINER FREUNDE BEGEGNEN SOLLST. ZÖGERE NICHT, SONDERN HANDLE MUTIG NACH DEM, WAS GOTT DIR ZEIGT!

KAPITEL 5

NO 1 BETTER THAN
jesus christ

Erzähle deinen Freunden von Jesus!

Kapitel 5

Wie wichtig es ist, für die Not deiner Freunde ein offenes Ohr zu haben, hat dir das vorangegangene Kapitel gezeigt. Nun lernst du, wie du mit deinen Freunden erfolgreich und ohne Hemmungen über deinen Glauben sprechen kannst!

1. Sei immer positiv!

Die Botschaft von Jesus ist das Beste, das du weitergeben kannst! Der Glaube an Gott ist das Normalste auf der Welt, denn Gottes Existenz ist in der Schöpfung deutlich erkennbar! Sei mutig und bleibe immer positiv, selbst dann, wenn sich deine Freunde über deinen Glauben ärgern. Deine Freunde brauchen Jesus – mehr als alles andere!

Der Glaube an Gott ist das Normalste auf der Welt!

«Ich schäme mich nicht, die Heilsbotschaft von Christus überall weiterzusagen. Denn diese Botschaft ist eine gewaltige Kraft Gottes. Wer an sie glaubt, erfährt, dass Gott ihn von seiner Schuld befreit und aus seiner Verzweiflung rettet.» (Römer 1,16)

2. Führe das Gespräch!

Es liegt an dir, wie die Gespräche mit deinen Freunden verlaufen. Entscheide dich dafür, offen und voller Freude über deine Beziehung mit Gott zu reden.

Menschen wollen über Gott reden!

«Schäme dich nicht, in aller Öffentlichkeit ein Zeuge von Jesus Christus zu sein.» (2. Timotheus 1,8)

Du wirst merken, dass deine Freunde das tiefe Bedürfnis haben, über Gott zu reden. Selbst dann, wenn sie deinem Glauben gegenüber noch ablehnend sind. Es gibt verschiedene Möglichkeiten, um ein Gespräch über Gott anzufangen.

GUTE EINSTIEGSFRAGEN SIND:
- «Glaubst du an Gott?»
- «Was ist das Grösste für dich im Leben?»
- «Was ist deiner Meinung nach das grösste Problem der Menschen?»
- «Wenn du heute sterben würdest, weißt du, was dann mit dir passiert?»
- «Bist du in einer Kirche?»

Wenn dein Gegenüber auf eine dieser Fragen reagiert, kannst du erzählen, wie du zum Glauben an Jesus gefunden hast. Wie du dies am besten tun kannst, lernst du im folgenden Abschnitt!

3. Bekenne Jesus mit dem «Zwei-Minuten-Zeugnis»!

Es ist sehr nützlich und gut, dir in aller Ruhe zu überlegen, wie du in kurzen Sätzen von deiner Entscheidung für Jesus erzählen kannst. Indem du dir im Voraus die wichtigsten Punkte vergegenwärtigst, findest du dann auch im Gespräch mit deinen Freunden viel leichter die richtigen Worte.

Beim so genannten «Zwei-Minuten-Zeugnis» gilt es, folgende Dinge zu beachten:

Sei immer bereit, das Evangelium zu erklären!

A. Halte dein «Zwei-Minuten-Zeugnis» knapp!
Wenn dich deine Freunde nach deinem Glauben fragen, ist es wichtig, dass du ihnen keine stundenlange Predigt hältst. Halte dich vielmehr kurz und erzähle in etwa zwei Minuten das Wichtigste. Falls dein Gegenüber interessiert ist, wird er nachfragen. In diesem Fall kannst du mehr von deinem Glauben und deinen Erfahrungen mit Gott erzählen.

B. Erzähle deine persönliche Geschichte!
Am meisten berühren persönlich erlebte Geschichten! Es bringt kaum etwas, wenn du Bibelverse zitierst. Denn für dich ist die Bibel zwar Gottes Wort, doch für deine Freunde ist sie lediglich ein Buch – eine Theorie von vielen.

C. Erzähle, wie sich dein Leben durch Jesus verändert hat!
Erzähle in deinem «Zwei-Minuten-Zeugnis», wie dein Leben war, bevor du Jesus kennen gelernt hast und wie sich dein Leben durch Jesus verändert hat. Sei ehrlich und spiele nicht vor, das Leben mit Gott sei immer einfach. Auch als Christ hast du mit Schwierigkeiten zu kämpfen. Dabei gibt es aber einen entscheidenden Unterschied: Du darfst dich jederzeit und mit allem an Gott wenden. Er hält dein Leben

fest in seiner Hand! Falls du christlich aufgewachsen bist und immer mit Jesus gelebt hast, gibt es für dich natürlich kein «vorher – nachher». Doch auch du hast viel zu erzählen! Erkläre deinen Freunden, weshalb dich das Leben mit Jesus derart überzeugt, dass du dem Glauben, den du von deinen Eltern mitbekommen hast, treu geblieben bist.

D. Bekenne Jesus!

Betone in deinem «Zwei-Minuten-Zeugnis», dass es Jesus ist, der den Unterschied macht. Es reicht nicht, einfach an Gott zu glauben. Jesus ist der Einzige, der Sünden vergeben kann. Er ist der Sohn Gottes und macht den Weg zu Gott frei!

«Nur Jesus kann den Menschen Rettung bringen. Es gibt sonst keinen anderen Namen auf der ganzen Welt, der sie retten kann.» (Apostelgeschichte 4,12)

E. Schreibe dein «Zwei-Minuten-Zeugnis» auf und lerne es auswendig!

Im ersten Moment tönt es vielleicht komisch, dass du dein «Zwei-Minuten-Zeugnis» auswendig lernen sollst. Doch halte dir folgendes Problem vor Augen: Mächte in der unsichtbaren Welt wollen verhindern, dass du von deinem Glauben erzählst und deine Freunde zu Jesus finden. Aus diesem Grund fällt es dir oft schwer, überhaupt zu deinem Glauben zu stehen. Ein regelrechter Kampf findet in dir statt! Wenn du dir aber vorher ganz genau überlegst, was du sagen willst, ist es leichter, diese «Kampfsituation» siegreich zu meistern.

KAPITEL 5

⬇ *NOTIERE, WIE DEIN LEBEN WAR, BEVOR DU CHRIST WURDEST UND WIE DU ZU JESUS GEFUNDEN HAST. SCHREIBE AUCH AUF, WAS SICH DURCH JESUS IN DEINEM LEBEN VERÄNDERT HAT.*

Vorher:
_____
_____
_____
_____
_____

Jesus:
_____
_____
_____
_____
_____

Nachher:
_____
_____
_____
_____
_____
_____
_____

4. Erkläre das Evangelium bildhaft und simpel!

Vielleicht bist du der Erste, der deinen Freunden erzählt, was Jesus für sie getan hat und warum sie ohne Jesus von Gott getrennt sind. Sei dir bewusst: Nicht du bist es, der deine Freunde von Jesus überzeugen muss! Es ist der Heilige Geist, der ihre Herzen berührt! Erkläre deinen Freunden in einfachen Worten oder Bildern, warum jeder Mensch von Natur aus von Gott getrennt ist und weshalb auch sie Jesus brauchen. Erzähle ihnen, dass Gott pure Liebe ist, dass aber Liebe nur auf der Basis des freien Willens funktioniert. Aus diesem Grund überlässt Gott ihnen die freie Wahl, seine Liebe anzunehmen oder abzulehnen. Es gibt drei sehr gute Möglichkeiten, ihnen diese Situation zu illustrieren:

> ***Der Heilige Geist überzeugt deine Freunde – nicht du!***

A. DURCH DIE «LEITER DER VOLLKOMMENHEIT»!

Um deinen Freunden ihr «getrennt sein» von Gott zu erklären, kannst du eine Leiter aufzeichnen. Setze zuoberst auf der Leiter «Gott» hin. Das bedeutet «Hundert Prozent perfekt». Zuunterst auf der Leiter ist Null Prozent, was gleichbedeutend mit «durch und durch böse» ist. Frage deine Freunde, auf welcher Leiterstufe sie die Mutter Theresa platzieren würden und auf welcher Stufe sich selber.

DIE «LEITER DER VOLLKOMMENHEIT»

DIE RESTLICHEN 60% HAT JESUS FÜR DICH AM KREUZ ERREICHT!

GOTT	**100 %**
MUTTER THERESA	70%
DU	40%
ICH	30%
DIE VERLORENEN	1%

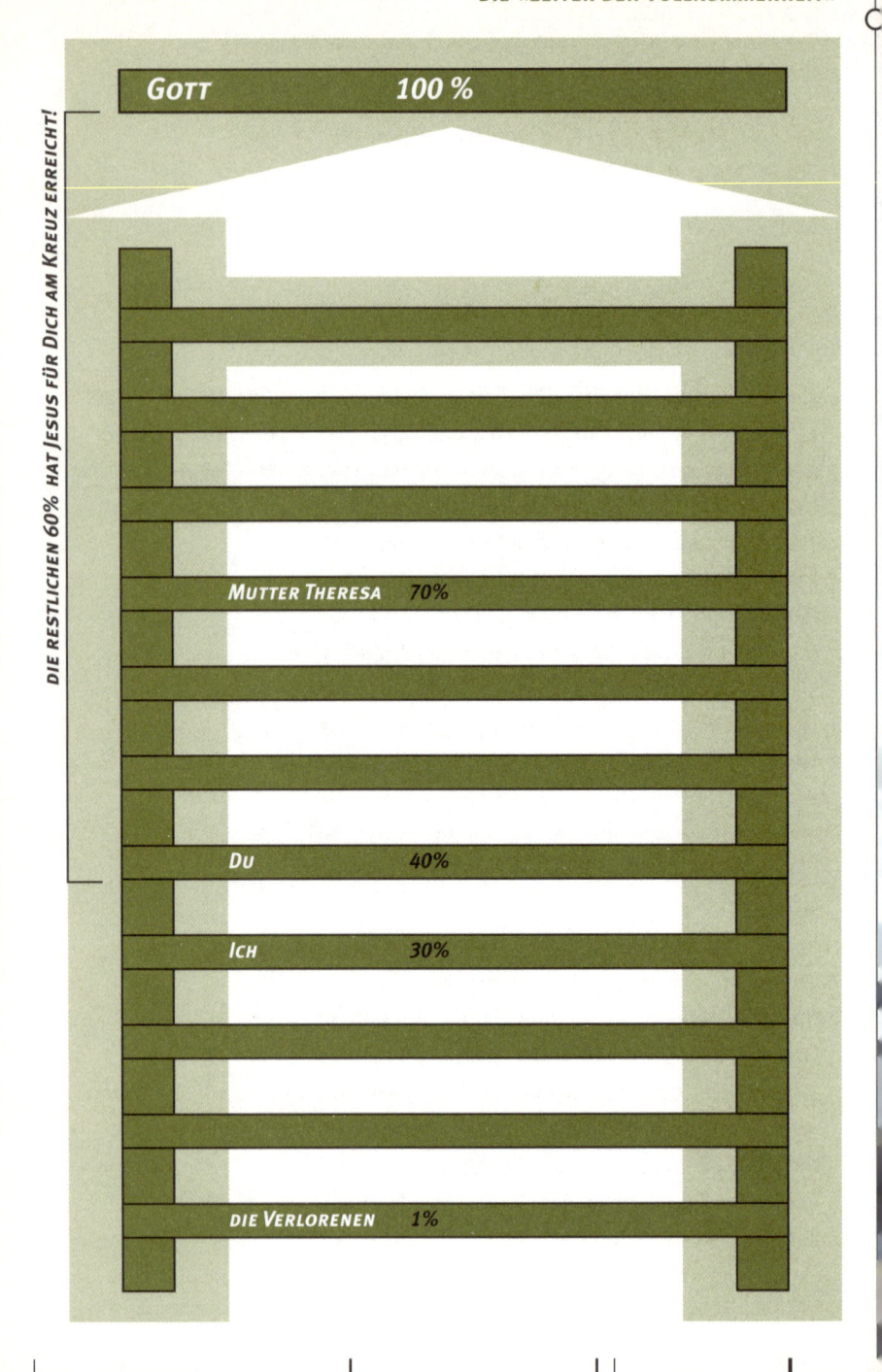

60

Erzähle deinen Freunden von Jesus

Erkläre ihnen, dass sie von sich aus niemals perfekt sein können, selbst dann nicht, wenn sie ein Herz wie Mutter Theresa hätten. Betone, dass Jesus für ihre Sünden gestorben ist, weil ein unperfekter Mensch keine Beziehung mit einem perfekten Gott haben kann.

B. Durch den grossen Graben!

Frage deine Freunde, was sie daran hindert, an Jesus zu glauben. Erkläre ihnen, dass zwischen jedem Menschen und Gott ein tiefer Graben besteht, der nur durch das Kreuz von Jesus überwunden werden kann. Denn Sünde bedeutet getrennt sein von Gott.

«Denn Gott hat die Menschen so sehr geliebt, dass er seinen einzigen Sohn für sie hergab. Jeder, der an ihn glaubt, wird nicht verloren gehen, sondern das ewige Leben haben.» (Johannes 3,16)

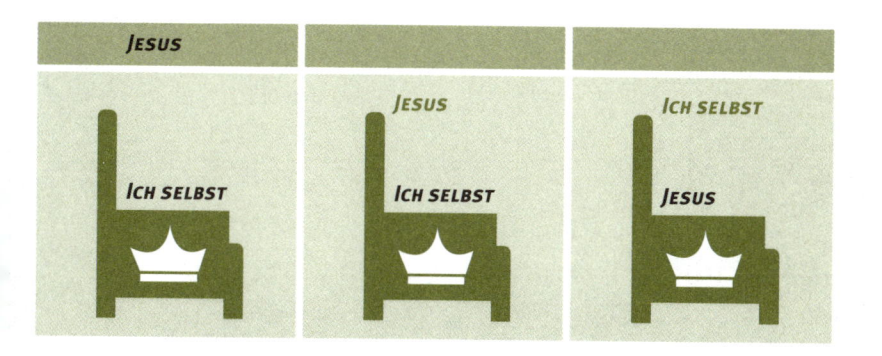

DER GROSSE GRABEN

DU UND ICH   **JESUS CHRISTUS**   **GOTT**

5. Stelle die wichtigste Frage!

Es ist wichtig, dass du deinen Freunden nicht nur das Evangelium erklärst, sondern ihnen klar die entscheidende Frage stellst: «Willst du dich für Jesus entscheiden?» Auch Jesus hat Martha herausgefordert:

«Wer an mich glaubt, wird niemals sterben. Glaubst du das?» (Johannes 11,26b)

Sei dir bewusst, dass die Entscheidung für Jesus im Innern deiner Freunde einen Kampf auslöst: denn Satan will verhindern, dass sie ein Leben mit Gott beginnen. Ermutige sie jedoch, diesen Schritt zu wagen!

Frage deine Freunde, ob sie Christ werden wollen!

Durch Jesus hast du das Beste in deinem Leben, das es überhaupt gibt! Sei dir dessen täglich bewusst, dann kannst du nicht anders, als deinen Freunden mit grosser Selbstverständlichkeit von Jesus erzählen. Behalte immer eine positive Haltung, selbst wenn dein Gegenüber ablehnend reagiert. Erkläre das Evangelium bildhaft und simpel. Und stelle die entscheidende und das Leben verändernde Frage: «Willst du Christ werden?»

Actionstep:

Lerne dein Zwei-Minuten-Zeugnis auswendig, trage es in deinem Gebetstrio vor und – falls nötig, verbessere es.

Die folgenden Fragen sollen dir helfen, herauszufinden, mit welcher Haltung du deinen Glauben weitererzählst und was du allenfalls an deiner Einstellung ändern kannst:

- Gehst du davon aus, dass deine Freunde negativ auf dein Zwei-Minuten-Zeugnis reagieren werden?
- Was bedeutet dir deine Beziehung zu Jesus? Hilfreich ist, wenn du in Gedanken folgenden Satz vervollständigst: «Durch den Tod und die Auferstehung von Jesus bin ich/habe ich ...»
- Wie sprichst du mit deinen Freunden über Jesus? Mit grosser Begeisterung oder eher gleichgültig? Die Art und Weise, wie du über Jesus spricht, lässt viele Rückschlüsse auf deine Liebe zu ihm ziehen.
- Hattest du in der letzten Woche die Gelegenheit, mit jemandem in deinem Umfeld über Jesus zu sprechen? Wie hast du darauf reagiert?

KAPITEL 6

Erkläre deinen Freunden den Weg zu Jesus!

Es gibt also einfache und bildhafte Möglichkeiten, wie du deinen Freunden von Jesus erzählen kannst. Dies hast du im letzten Kapitel gelernt! Nun geht es darum, wie du deine Freunde ganz konkret in eine persönliche Beziehung zu Jesus führen kannst!

Für alles hat Gott einen vorgesehenen Zeitpunkt!

1. Erkenne den richtigen Zeitpunkt!

Nikodemus lebte zur Zeit Jesu und war ein angesehener Pharisäer, das heisst ein jüdischer Schriftgelehrter (ein Akademiker). Er erkannte, dass Jesus Autorität von Gott besass. Darum wurde er neugierig. Da Jesus jedoch bei den anderen Pharisäern nicht gern gesehen war, kam Nikodemus heimlich zu ihm.

Einer von den Männern des jüdischen Gerichtshofes war der Pharisäer Nikodemus. Mitten in der Nacht kam er heimlich zu Jesus: «Meister», sagte er, «wir wissen, dass Gott dich als Lehrer zu uns gesandt hat. Deine Wunder beweisen: Gott ist mit dir.» (Johannes 3,1-2)

In Kapitel 1 hast du Gott gebeten, dir Menschen aus deinem Umfeld aufzuzeigen, die offen für ihn sind. Vielleicht hat sich dein damaliger Eindruck bestätigt: vielleicht zweifelst du aber auch daran, dass diese Freunde wirklich offen für Gott sind. In diesem Punkt kannst du von Jesus lernen. Er erkannte, dass Nikodemus ein offenes Herz hatte, denn sonst wäre der Pharisäer wohl kaum heimlich bei ihm aufgetaucht. Wenn deine Freunde dir Fragen über deinen Glauben stellen und gerne mit in deine Kirche kommen möchten, sind dies Hinweise, dass sie interessiert sind. In diesem Fall ist es wichtig, dass du die Gelegenheit beim Schopf packst und ihnen den Weg zu Gott aufzeigst. Wie du dies konkret tun kannst, zeigen dir die folgenden Abschnitte.

2. Komm zur Sache!

Vielleicht bewundern dich deine Freunde für deinen Glauben, weil sie sehen, dass du dadurch dein Leben besser meistern kannst als sie. Das wäre super, aber bleib nicht bei den positiven Auswirkungen des Glaubens stehen, sondern richte den Fokus auf Jesus. Damit deine Freunde erkennen, dass Jesus die Hauptsache ist! Auch Jesus ging nicht auf die Bewunderungen von Nikodemus ein, sondern er hat ihm gleich erzählt, was er tun muss, um gerettet zu werden.

Mach Jesus zur Hauptsache!

Darauf erwiderte Jesus: «Ich sage dir eins, Nikodemus: Wer nicht neu geboren wird, kann nicht in Gottes Reich kommen.» Verständnislos fragte der Pharisäer: «Was meinst du damit? Wie kann ein Erwachsener neu geboren werden? Er kann doch nicht wieder in den Mutterleib zurück und noch einmal auf die Welt kommen!» **(Johannes 3,3-4)**

KAPITEL 6

3. Erkläre deinen Freunden, was «Wiedergeburt» bedeutet!

Ähnlich wie Nikodemus werden vermutlich auch deine Freunde reagieren, wenn du ihnen sagst, dass sie von neuem geboren werden müssen. Genau wie Jesus kannst du ihnen dann erklären, was Wiedergeburt meint:

Deine Freunde wissen von sich aus nicht, wie sie Jesus in ihr Leben aufnehmen können!

Aber Jesus wiederholte nur: «Eine andere Möglichkeit gibt es nicht: Wenn jemand nicht aus Wasser und Geist geboren wird, kann er nicht in Gottes Reich kommen! Ein Mensch kann immer nur menschliches, vergängliches Leben zeugen; der Geist Gottes gibt das neue, das ewige Leben. Wundere dich deshalb nicht, wenn ich dir gesagt habe: Ihr müsst neu geboren werden.» (Johannes 3,5-7)

Um eine Beziehung mit Gott pflegen zu können, müssen deine Freunde in einen neuen Menschen verwandelt werden. Denn sie wurden – wie alle Menschen – als vergängliche Menschen geboren. Gott will ihnen aber ein neues, unvergängliches Leben geben. Deshalb müssen sie neu geboren werden. Für deine Freunde ist dieser Schritt eine grosse Herausforderung. Deshalb ist es wichtig, dass du dir Zeit nimmst und ihnen erklärst, wie sie in eine Beziehung zu Jesus finden können.

⬇ *Zeichne deinen Freunden den Graben aus dem letzten Kapitel auf.*
Erzähle ihnen dein persönliches Zwei-Minuten-Zeugnis.

4. Begleite deine Freunde beim Erleben ihrer Wiedergeburt!

An Pfingsten predigte Petrus vor vielen Menschen. Die Masse war so berührt von der Botschaft, dass sie von den Aposteln wissen wollten, wie sie ein Leben mit Jesus anfangen können:

Tief betroffen wollten die Zuhörer von Petrus und den anderen Aposteln wissen: «Brüder, was sollen wir tun?» «Ändert euch und euer Leben! Wendet euch Gott zu!» forderte Petrus sie auf. «Lasst euch auf den Namen Jesu Christi taufen, damit euch Gott eure Sünden vergibt und ihr den Heiligen Geist empfangt.» (Apostelgeschichte 2,37-38)

Deine Freunde brauchen deine Hilfe bei der Entscheidung für Jesus!

PROZESS DER WIEDERGEBURT

	1. UMKEHR	2. BUSSE	3. TAUFE	4. HEILIGER GEIST
	ÜBERGABEGEBET	AUFRÄUMEN	WASSERTAUFE	ERFÜLLUNG MIT HEILIGEM GEIST
Persönlicher Aufwand	DIE PERSÖNLICHE ENTSCHEIDUNG IST DER GRÖSSTE SCHRITT	DER BEGINN ALLES IN ORDNUNG ZU BRINGEN	INS WASSER STEIGEN UND UNTERTAUCHEN	LOSLASSEN UND SICH ERFÜLLEN LASSEN

ERKLÄRE DEINEN FREUNDEN IN VIER SCHRITTEN, WAS SIE TUN MÜSSEN UND WAS GOTT IN IHREM LEBEN TUT, UM EIN LEBEN MIT JESUS ANZUFANGEN! DIE SCHRITTE MÜSSEN NICHT IMMER GENAU IN DER REIHENFOLGE GESCHEHEN, ABER ALLE SCHRITTE SIND FÜR EINE BEZIEHUNG MIT JESUS UNERLÄSSLICH:

A. Bete mit ihnen das Übergabegebet!

Bete zusammen mit deinen Freunden, die sich für Jesus entscheiden wollen, folgendes Gebet. Du kannst es vorsprechen. Sie können es nachsprechen:

«Herr Jesus Christus, bitte komm in mein Leben. Vergib mir, dass ich bis heute nicht an dich geglaubt habe. Vergib mir alle meine Sünden. Ich danke dir, dass du am Kreuz für mich gestorben bist, damit ich von jetzt an frei von Sünden und Flüchen leben kann. Ich übergebe dir das Kommando in meinem Leben. Von jetzt an möchte ich ganz für dich leben. Danke für das neue Leben, das du mir schenkst. Amen.»

B. Hilf ihnen beim Aufräumen!

Wenn deine Freunde zu Gott finden, gibt es verschiedene Dinge, die sie in Ordnung bringen müssen. Denn Jesus möchte, dass sie von nun an ein Leben ohne Sünde leben. Erkläre ihnen, dass sie dies nicht aus eigener Kraft tun können. Es ist Jesus, der ihnen dabei hilft!

Das «Aufräumen» kann beispielsweise beinhalten, dass deine Freunde:

– Beziehungen in Ordnung bringen müssen
– sich bei Mitmenschen – die sie verletzt haben – entschuldigen müssen
– gestohlene Dinge zurück bringen müssen
– schlechte Bücher oder Hefte verbrennen müssen
– etc.

Diese «Aufräumarbeiten» sind eine grosse Herausforderung! Deshalb ist es wichtig, dass du sie dazu ermutigst. Erwarte nicht von ihnen, dass sie alles von heute auf morgen in Ordnung bringen, sondern hilf ihnen, eine Sache nach der anderen anzupacken.

C. *Taufe sie auf den Namen Jesu!*
Nach der Predigt von Petrus liessen sich 3000 Menschen taufen. Die Taufe im Wasser ist eine öffentliche Dokumentation dafür, dass jemand an Jesus glaubt. Erkläre deinen Freunden, dass mit der Taufe ihr altes Leben endet und das neue Leben als Christ beginnt!

D. *Lege ihnen die Hände auf und bitte für die Erfüllung mit dem Heiligen Geist!*
Erkläre deinen Freunden, dass der Heilige Geist Gott ist, der in ihnen wohnen möchte, weil sie an Jesus glauben. Er ist es, der sie mit Liebe und Frieden erfüllt und der sie trösten will, wenn sie traurig sind. Und er schenkt ihnen Weisheit und redet in ihrem Gewissen. Lege deinen Freunden die Hände auf und bitte Gott, dass er sie mit dem Heiligen Geist erfüllt. Gott wird dein Gebet erhören, denn er gibt seinen Geist gerne all denen, die ihn darum bitten. Durch den Geist Gottes kommt übernatürliche Kraft in das Leben deiner Freunde!

Das Ziel der persönlichen Evangelisation besteht darin, dass du die Initiative ergreifst. Erkläre deshalb deinen Freunden in der Vollmacht des Heiligen Geistes ganz konkret den Weg zu Jesus. Erkenne dabei den richtigen Zeitpunkt und betone, dass Jesus die Hauptsache ist. Erkläre ihnen, was mit der Wiedergeburt gemeint ist und begleite sie bei diesem Schritt. Halte dir immer vor Augen: Versagen ist gleichbedeutend mit «nichts sagen». Dein Auftrag ist, von Jesus zu erzählen. Für das Ergebnis ist Gott – nicht du – verantwortlich. Kein Wort über Jesus ist vergeblich! Auch wenn es manchmal Zeit braucht, bis Früchte wachsen.

Actionstep:

– *NIMM DIR VOR, ES NICHT ALS PERSÖNLICHE ABLEHNUNG AUFZUFASSEN, WENN SICH DEINE FREUNDE NICHT SOFORT FÜR JESUS ENTSCHEIDEN. VERTRAUE DARAUF, DASS GOTT DEN SAMEN PFLEGT, DEN DU GESÄT HAST, UND BETE WEITERHIN REGELMÄSSIG FÜR DEINE FREUNDE.*

– *SEI GEHORSAM, WENN GOTT DIR MÖGLICHKEITEN BIETET, IN DEINEM UMFELD VON JESUS ZU ERZÄHLEN.*

KAPITEL 7

Trainiere deine Freunde in
ihrem neuen Glauben!

KAPITEL 7

Im letzten Kapitel ging es darum, wie du deinen Freunden den Weg zu Jesus erklären kannst. Wenn sich bereits jemand aus deinem Umfeld für Jesus entschieden hat, weisst du, wie gewaltig dieses Miterleben ist! Im Himmel wird bei jedem eine grosse Party gefeiert! Lass dich nicht entmutigen, falls deine Freunde den Schritt für ein Leben mit Jesus noch nicht gewagt haben!

Deine Freunde, die neu zum Glauben gefunden haben, brauchen sehr viel Unterstützung. Denn sie können in ihrem geistlichen Leben und Erleben mit einem kleinen Kind verglichen werden und du bist die geistliche Mutter oder der geistliche Vater. Herzliche Gratulation! Durch deine Unterstützung werden sie im Glauben gesund wachsen. Das letzte Kapitel zeigt dir, wie du deine Freunde trainieren kannst, so wie Jesus es gesagt hat:

«Lehrt sie, so zu leben, wie ich es euch aufgetragen habe. Ihr dürft sicher sein: Ich bin immer und überall bei euch, bis an das Ende dieser Welt!»
(Matthäus 28,20)

Jesus hätte den ganzen Tag Menschen von Gott erzählen können, doch es war ihm wichtig, genügend Zeit mit seinen Jüngern zu verbringen. Dadurch konnte er ihnen das erzählen und lehren, was ihm sein Vater im Himmel aufgetragen hatte. Auch der Apostel Paulus lebte nach Jesu Vorbild. Er führte einerseits viele Menschen zu Jesus, andererseits betonte er die Wichtigkeit, diese neuen Christen in ihrem Glauben zu festigen. Deshalb schrieb er an Timotheus:

> «Was du von mir in Gegenwart vieler Zeugen gehört hast, das gib jetzt an zuverlässige Christen weiter, die fähig sind, auch andere im Glauben zu unterweisen.» (2. Timotheus 2,2)

Indem du deine Freunde in ihrem jungen Glauben trainierst, werden sie im Glauben stark. Und später – wenn sie im Glauben gefestigt sind – können sie das, was sie von dir gelernt haben, anderen weitergeben. Dadurch kommt es zu einer gewaltigen geistlichen Multiplikation!

1. Investiere Zeit in deine Freunde!

Wenn eine Mutter ihr Baby auf die Welt bringt und es nachher einfach liegen lässt, stirbt es früher oder später. Ähnlich ist es im Glaubensleben. Wenn du deine Freunde, die du zu Jesus geführt hast, sich selbst überlässt oder einfach in deiner Kirche «abgibst», haben sie vermutlich bald die Nase voll vom Leben als Christ. Wenn du hingegen für sie da bist und Zeit in sie investierst, haben sie die besten Voraussetzungen, zu einem reifen Christen zu wachsen. Und das lohnt sich! Darum betont Paulus:

Überlass die geistliche Entwicklung deiner Freunde nicht dem Zufall!

> «Uns bewegte nichts anderes als unsere Liebe zu euch - eine Liebe, wie sie eine Mutter für ihre Kinder empfindet. Weil wir euch so liebgewonnen haben, waren wir nicht nur bereit, euch Gottes Botschaft zu verkünden, sondern auch uns selbst und unser ganzes Leben für euch einzusetzen.» (1. Thessalonicher 2,7b-8)

⬇ *Fülle folgende Tabelle aus, indem du dich an Paulus' Brief an die Thessalonicher (1. Thessalonicher 2,7b-8) orientierst:*

Wie viel Zeit brauchen deine Freunde, die mit einem «geistlichen Baby» verglichen werden?

– *Verfügbarkeit:* _____

– *Treffen:* _____
_____
_____
_____

2. Leg ein geistliches Fundament!

Deine Freunde kennen die Bibel wahrscheinlich noch kaum. Es ist jedoch wichtig, dass sie Gottes Wort kennen lernen, denn durch die Bibel will Gott zu ihnen sprechen.

Die ersten Monate prägen einen neuen Christen!

«Wie ein neugeborenes Kind nach der Milch schreit, so sollt ihr nach dem unverfälschten Wort Gottes verlangen. Dann werdet ihr im Glauben wachsen und das Ziel erreichen.» (1. Petrus 2,2)

Indem du mit deinen Freunden die 16 Themen aus dem Buch «FESTIGEN – festige deinen jungen Glauben» durcharbeitest, erhalten sie ein solides biblisches Fundament!

A. Führe deine Freunde in die Grundlagen des Glaubens ein!

Im ersten Teil des Festigungsbuches – dem Grundlagenkurs – geht es darum, dass deine Freunde lernen, wer Gott ist, wer sie selber sind, und wie sie in der Beziehung mit Gott leben können. Dabei werden folgende zentrale Fragen behandelt:

> *Wie bekomme ich eine persönliche Beziehung zu Gott?*
>
> *Wie lebe ich mit Jesus auf dem Thron meines Lebens?*
>
> *Wie weiss ich, dass ich in den Himmel komme?*
>
> *Wie gehe ich meine ersten Schritte im Glauben?*

B. Begleite deine Freunde ins Get free-weekend!

Nachdem du mit deinen Freunden die ersten vier Lektionen des Festigungsbuches durchgearbeitet hast, kannst du mit ihnen ins Get free-weekend gehen. Das ist der zweite Teil der Festigungsphase. Im unvergesslichen Get free-weekend erleben deine Freunde die Kraft der Vergebung, die Wassertaufe, die Taufe im Heiligen Geist und die intensive Gemeinschaft mit anderen Christen!

C. Gehe mit deinen Freunden den Vertiefungskurs durch!

Im dritten Teil – dem Vertiefungskurs – arbeitest du mit ihnen in 12 Lektionen durch, was es praktisch heisst, als Christ zu leben. Die Themen dabei sind:

Wie entdecke ich meine neue Identität als Gottes Kind?
Wie kommuniziere ich mit Gott?
Wie schöpfe ich Kraft aus der Bibel?
Wie baue ich Beziehungen zu meinen Freunden auf?
Wie gehe ich mit meinen Finanzen um?
Wie diene ich Gott mit meinen Gaben?
Wie überwinde ich die Feinde meines neuen Lebens?
Wie erkenne ich den Willen Gottes für mein Leben?
Wie soll ich mit meiner Sexualität umgehen?
Wie lebe ich fit für Jesus?
Wie gehe ich mit meiner Kultur um?
Wie investiere ich meine Zeit am besten?

Das Durcharbeiten dieser Themen zur Festigung des Glaubens und das Erleben des Get free-weekend ermöglichen deinen Freunden ein gutes Wachstum im Glauben!

Tipps für die Festigungs-Treffen:
- Triff dich wöchentlich mit deinem Freund oder deinen Freunden, um eine Stunde lang jeweils ein Kapitel durchzuarbeiten.
- Betet zusammen und bittet Gott, dass er eure gemeinsame Zeit segnet.
- Ermutige deine Freunde, indem du ihnen immer wieder sagst, dass Gott nur das Beste für sie möchte! Deshalb können sie ihm gelassen alles anvertrauen. Er hat einen genialen Plan für ihr Leben!
- Geh auf ihre Fragen ein. Übe keinen Druck aus! Gott wird deinen Freund Schritt für Schritt zu wichtigen Einsichten und Schritten führen. Hilf deinem Freund, die jeweiligen Actionsteps umzusetzen.
- Bete täglich, dass sich deine Freunde im Glauben positiv entwickeln. Dies kannst du tun, indem du dich an den Sätzen von Paulus in Epheser 1,16-18 orientierst:

«Ich höre nicht auf, Gott dafür zu danken und für euch zu beten. Ihn, den Gott unseres Herrn Jesus Christus, den Vater, dem alle Herrlichkeit gehört, bitte ich darum, euch Weisheit zu geben, dass ihr ihn immer besser erkennt und er euch zeigt, was sein Wille ist. Er öffne euch die Augen, damit ihr seht, wozu ihr berufen seid, worauf ihr hoffen könnt und welch unvorstellbar reiches Erbe auf alle wartet, die an Christus glauben.»

3. Hilf deinen Freunden beim Aufräumen ihrer Vergangenheit!

Ein Baby macht in die Windeln und muss immer wieder gesäubert werden. «Windeln wechseln» kann mit «geistlicher Hygiene» verglichen werden. Deine Freunde, die du zu Jesus geführt hast, machen viele Fehler, weil sie nicht an ein Leben mit Gott gewöhnt sind. Zeige ihnen, dass sie mit diesen Fehlern zu Jesus gehen können und dass er ihnen immer wieder vergibt:

Altlasten hindern deine Freunde daran, Jesus ähnlicher zu werden!

«Wenn wir aber unsere Sünden bereuen und sie bekennen, dann dürfen wir darauf vertrauen, dass Gott seine Zusage treu und gerecht erfüllt: Er wird unsere Sünden vergeben und uns von allem Bösen reinigen.» (1. Johannes 1,9)

Tipps für das Aufarbeiten der Vergangenheit:
- Erwarte nicht, dass sich im Leben deiner Freunde alles in wenigen Wochen verändern wird. Es ist ein Prozess, Jesus ähnlicher zu werden. Habe Geduld mit den Schwächen deiner Freunde, so wie Gott auch Geduld mit dir hat.
- Sei dir bewusst, dass deine Freunde nicht alles auf einmal verändern können. Mach ihnen deshalb Mut, eine Sache nach der anderen anzupacken.

4. Sei deinen Freunden ein Vorbild!

Kleine Kinder ahmen das Verhalten ihrer Eltern nach. Genauso ist es bei deinen Freunden. An dir orientieren sie sich, wie ein Leben mit Gott aussieht. Du bist für sie ein Vorbild. Dabei gilt: Taten sagen mehr als Worte!

Junge Christen suchen nach Vorbildern im Glauben!

«Du musst in jeder Beziehung ein Vorbild sein, in allem, was du sagst und tust: in der Liebe, im Glauben und in deiner ganzen Gesinnung.» (1. Timotheus 4,12b)

Der Gedanke, ein Vorbild sein zu müssen, setzt dich vielleicht unter Druck. Aber vergiss nicht: Wenn du dich jeden Tag Jesus zuwendest – wie eine Sonnenblume zur Sonne – wirst du automatisch ein gutes Vorbild werden, ohne perfekt sein zu müssen! Indem du für deine Freunde ein Vorbild bist und in sie investierst, wirst du auch selber im Glauben wachsen!

Tipps, um ein Vorbild zu sein:

- Zeige deinen Freunden deine Begeisterung für Gottes Wort, indem du jeden Tag darin liest. Deine Begeisterung wirkt ansteckend!
- Indem du andere Menschen zu Jesus führst, zeigst du deinen Freunden, wie sie selber Menschen für Jesus gewinnen können.
- Ein «Vorbild sein» bedeutet nicht, dass du perfekt und ein Held sein musst. Stehe vielmehr ehrlich zu deinen Schwächen und Kämpfen. Lebe aber deinen Freunden vor, dass du mit deinen Fehlern zu Jesus gehst, ihn um Vergebung wie auch um die Kraft bittest, künftigen Versuchungen zu widerstehen. Bitte auch deine Freunde, für dich zu beten, wenn du in Schwierigkeiten steckst.

5. Gewinne deine Freunde für hohe Ziele im Glauben!

Ein kleines Kind wird nicht von heute auf morgen erwachsen. Vielmehr braucht es Zeit zum Wachsen und um Erfahrungen zu sammeln. Dasselbe gilt auch für deine Freunde. Sie brauchen Zeit, um im Glauben zu wachsen und müssen motiviert werden, Grosses von Gott zu erwarten. Ohne Druck dürfen sie lernen, wie ein Leben mit Gott aussieht. So sammeln sie eigene Erfahrungen und werden zu Christen, die ein festes Fundament in Jesus haben.

Deine Freunde brauchen eine Perspektive, was mit Gott alles möglich ist!

«Euch Kindern schreibe ich, weil ihr den Vater kennt. Ebenso habe ich euch Vätern geschrieben, weil ihr den kennt, der von allem Anfang an da war. Und euch, ihr jungen Leute, habe ich geschrieben, weil ihr in euerm Glauben stark geworden seid. Gottes Wort ist in euch lebendig, und ihr habt den Bösen besiegt.» (1. Johannes 2, 14)

A. Erzähle deinen Freunden, dass bei Gott alles möglich ist!

Deine Freunde wissen in ihrem jungen Glauben vermutlich noch nicht, was bei Gott alles möglich ist. Ermutige sie, indem du ihnen von Wundern erzählst, die Gott an Menschen wirkte.

Entrückung!

Ein beeindruckendes Wunder ist die Lebensgeschichte von Henoch! Er lebte in derart enger Beziehung zu Gott, dass er keines natürlichen Todes sterben musste, sondern von Gott direkt in den Himmel geholt wurde. Als Belohnung für seinen tiefen Glauben! (Vgl. Hebräer 11,5)

Rettung vor der Sintflut!

Auch Noahs Glaube war immens: Er baute ein grosses Schiff, die Arche, zu einem Zeitpunkt als kein Wasser und auch keine Gefahr in Sicht war. Er tat dies im Vertrauen, dass Gott den Überblick hat! Durch sein Glaubenswagnis nahm er viele Demütigungen auf sich. Die Menschen lachten ihn aus und spotteten über sein Werk. Doch Gott belohnte Noahs Gehorsam und rettete ihn und seine Familie: Als Einzige überlebten sie die Sintflut! (Vgl. Hebräer 11,7)

Ein Kind trotz hohen Alters!

Abraham und Sara litten darunter, dass sie keine Kinder hatten. Doch Gott sah ihre Traurigkeit und schenkte ihnen im hohen Alter noch einen Sohn und durch ihn Nachkommen wie Sand am Meer! (Vgl. Hebräer 11,11-12)

Diese Frauen und Männer, die zur Zeit des Alten Testamentes lebten, hatten eines gemeinsam: Ihr unerschütterliches Vertrauen zu Gott! Auch deine Freunde wird Gott belohnen, wenn sie sich fest auf ihn verlassen! Vertrauen ist ein Prozess, denn der Glaube wächst Stück für Stück. Motiviere deine Freunde und begeistere sie dafür, ihrerseits auch schon bald Menschen für Jesus zu gewinnen und im Glauben zu festigen. Ihre geistliche Autorität wird zunehmen, wenn sie treu mit Jesus leben und bereit sind, Gottes Willen zu erkennen und auszuführen.

KAPITEL 7

«Was aber heisst: Glaube? Der Glaube ist die feste Gewissheit, dass sich erfüllt, was Gott versprochen hat; er ist die tiefe Überzeugung, dass die unsichtbare Welt Gottes Wirklichkeit ist, auch wenn wir sie noch nicht sehen können. Unsere Väter lebten diesen Glauben. Deshalb sind sie Vorbilder für uns.»
(Hebräer 11,1-2)

Deine Freunde, die du zu Jesus geführt hast, sind in ihrem geistlichen Leben wie kleine Kinder. Du bist ihre geistliche Mutter oder ihr geistlicher Vater! Investiere Zeit in sie und arbeite mit ihnen die Themen des Buches «Festigen – festige deinen jungen Glauben» durch, damit sie ein solides, biblisches Fundament erhalten. Lass ihnen dabei genügend Zeit, Schritt für Schritt Jesus ähnlicher zu werden. Sei ihnen ein gutes Vorbild, ohne dich oder sie dadurch unter Druck zu setzen. Ermutige sie für hohe Ziele, indem du ihnen grosse Vorbilder des Glaubens in der Bibel zeigst!

Actionstep:

- ***Was hast du bereits erlebt beim Versuch, Menschen für Jesus zu gewinnen? Schreibe alle deine «Erfolge» und «Enttäuschungen» auf!***

- *Danke Gott für die positiven Erlebnisse!*
- *Gib deine Enttäuschungen bei Gott ab!*
- *Schreibe auf, welche konkreten Schritte du noch tun möchtest und bitte Gott um Erfolg!*

4 Schritte zur Jüngerschaft

Da ging Jesus auf seine Jünger zu und sprach: «Ich habe von Gott alle Macht im Himmel und auf der Erde erhalten. Geht hinaus in die ganze Welt und ruft alle Menschen in meine Nachfolge! Tauft sie und führt sie hinein in die Gemeinschaft mit dem Vater, dem Sohn und dem Heiligen Geist!» (Matthäus 28,18-20)

In vier Schritten setzen wir den Auftrag «Machet zu Jüngern!» um:

GEWINNEN:
wir ermutigen Menschen, Gottes Liebe in ihrem persönlichen Leben zu erfahren und sie an andere weiterzugeben.

FESTIGEN:
wir unterstützen Menschen, ein solides Glaubensfundament zu entwickeln, damit sie die Herausforderungen des Lebens erfolgreich meistern können.

TRAINIEREN:
wir fördern Menschen, ihre Talente zu entdecken und bilden sie zu authentischen Leitern aus.

BEAUFTRAGEN:
wir fordern Menschen heraus, das Gelernte an andere weiterzugeben.

Anhang

GO FOR IT

Gottes Spielregeln für ein erfolgreiches Leben
von Leo Bigger

Verlag icf-media store GmbH

ISBZ 3-9521220-8-4

CHF 21.80

NR.1

Entdecke, wer Du bist – finde deinen Platz
von Leo Bigger

Verlag icf-media store GmbH

ISBN 3-9521220-7-6

CHF 19.90

GOOD JOB

Christsein am Arbeitsplatz
von Matthias Bölsterli

Verlag icf-media store GmbH

ISBN 3-9521220-6-8

CHF 12.80

NO LIMITS

Träume Gottes Träume
von Leo Bigger

Verlag icf-media store GmbH

ISBN 3-95221220-5-x

CHF 19.90

WEITERE BÜCHER

GEWINNEN

Wie gewinne ich Menschen für Jesus
Leo Bigger

«Mehr Männer und Frauen als man sich vorstellen kann, würden "Ja" zu Jesus sagen, wenn ihnen nur jemand zeigen würde, wie.»

Möchtest du Menschen für Jesus gewinnen? Bist du unsicher, wie du dies am Besten tun kannst? Dann ist das vorliegende Arbeitsbuch goldrichtig für dich! Es hilft dir in anschaulicher Weise, deinen Glauben überzeugend weiterzusagen!

Verlag icf-media store GmbH

ISBN 3-03750-010-7

CHF 12.80

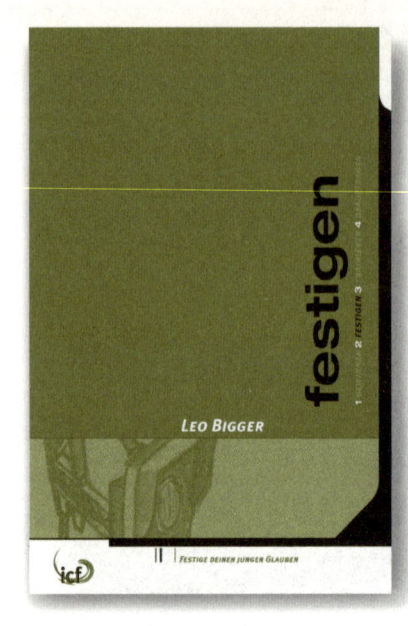

FESTIGEN

Festige deinen jungen Glauben
Leo Bigger

«Du hast dich für ein Leben mit Jesus Christus entschieden. Das war garantiert die beste Entscheidung deines Lebens! Jetzt geht es darum, im Glauben gefestigt zu werden und zu wachsen.»

Möchtest du Gott besser kennen lernen und in deinem Glauben wachsen? Das vorliegende Arbeitsbuch hilft dir dabei, denn es behandelt die wichtigsten Themen des christlichen Glaubens!

Verlag icf-media store GmbH

ISBN 3-03750-011-5

CHF 14.80

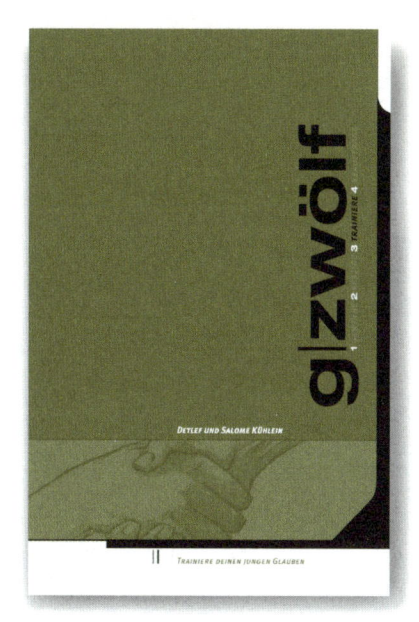

VERLAG ICF-MEDIA STORE GMBH

TRAINIEREN

Trainiere deinen jungen Glauben
Detlef und Salome Kühlein

Jesus sagt in Matthäus 28,20: «Lehrt sie so zu leben, wie ich es euch aufgetragen habe!» Jesus war es wichtig, seine Jünger zu trainieren und zu lehren. Seine Lehre war aber nicht nur Wissensvermittlung, sondern immer Lebensvermittlung! Möchtest du die Bibel besser kennen lernen und konkrete Hilfen für dein praktisches Glaubensleben entdecken? Möchtest du intensive Gemeinschaft mit Gott erleben? Dann ist das vorliegende Arbeitsbuch genau richtig für dich! Es hilft dir einen tiefen Einblick in das Herz Gottes zu bekommen.

Verlag icf-media store GmbH

ISBN 3-03750-002-6

CHF 14.80

BEAUFTRAGEN

Beauftrage deine Jünger
Leo Bigger

Das Buch kommt voraussichtlich im Herbst 2004 heraus.

Verlag icf-media store GmbH